Resolving Your Child's
Challenging Behavior
A Practical Guide to Parenting With Positive Behavior Support
Second Edition

积极行为支持教养手册
解决孩子的**挑战性**行为

（第2版）

[美] 梅梅·希内曼（Meme Hieneman, Ph.D.）
[美] 卡伦·埃尔夫纳（Karen Elfner, M.A.） ◎ 著
[美] 简·塞尔盖（Jane Sergay, M.Ed.）
黄 晨 ◎ 译

华夏出版社
HUAXIA PUBLISHING HOUSE

Resolving Your Child's Challenging Behavior: A Practical Guide to Parenting With Positive Behavior Support, Second Edition / Meme Hieneman, Ph.D., Karen Elfner, M.A., Jane Sergay, M.Ed.

Originally published in the United States of America by Paul H. Brookes Publishing Co., Inc.

Copyright © 2022 by Paul H. Brookes Publishing Co., Inc.

北京市版权局著作权合同登记号：图字 01-2024-1988 号

图书在版编目（CIP）数据

积极行为支持教养手册：解决孩子的挑战性行为：第2版 /（美）梅梅·希内曼（Meme Hieneman），（美）卡伦·埃尔夫纳（Karen Elfner），（美）简·塞尔盖（Jane Sergay）著；黄晨译. -- 北京：华夏出版社有限公司，2025. -- ISBN 978-7-5222-0868-8

Ⅰ. G76

中国国家版本馆 CIP 数据核字第 2025RV1121 号

积极行为支持教养手册：解决孩子的挑战性行为：第 2 版

著　　者	[美]梅梅·希内曼　　[美]卡伦·埃尔夫纳　　[美]简·塞尔盖
译　　者	黄　晨
责任编辑	贾晨娜
责任印制	顾瑞清

出版发行	华夏出版社有限公司
经　　销	新华书店
印　　装	河北宝昌佳彩印刷有限公司
版　　次	2025 年 8 月北京第 1 版　　2025 年 8 月北京第 1 次印刷
开　　本	710×1000　　1/16 开
印　　张	14.75
字　　数	226 千字
定　　价	78.00 元

华夏出版社有限公司　地址：北京市东直门外香河园北里 4 号　邮编：100028
网址：www.hxph.com.cn　电话：(010) 64663331（转）

若发现本版图书有印装质量问题，请与我社营销中心联系调换。

目　录

关于作者 1
前言 1
致读者 1
致谢 1
悼词 1

第一部分　导言与概述
积极行为支持的基础知识 1

 第 1 章　理解和处理行为 3

 第 2 章　认识积极行为支持 12

第二部分　积极行为支持的过程
解决问题之道 25

 第 3 章　设定目标 27

 第 4 章　收集和分析信息 35

 第 5 章　制订计划 51

 第 6 章　实施计划 73

第三部分　积极行为支持的故事

通过案例说明实践过程·····85

　　第7章　佐薇的故事·····87

　　第8章　伊索贝尔的故事·····107

　　第9章　迈克尔的故事·····131

第四部分　通过积极行为支持改善生活

让积极行为支持为家庭服务·····151

　　第10章　将积极行为支持融入家庭生活·····153

　　第11章　让积极行为支持惠及每一个人·····172

附录A　案例研究中的行为支持计划·····183

附录B　解决家庭常规问题的实例·····202

资源·····207

参考文献·····209

关 于 作 者

本书的作者是三位女性——梅梅、卡伦和简。她们既是家长,又是专业人士。她们都有孩子,有的还有孙子、孙女;她们也都有支持型伴侣、家人和朋友圈,并且活跃于社区活动中。她们在各自的专业岗位上将以研究为基础的信息应用于实际工作中,以改善儿童和家庭的生活。总体而言,她们三人共有超过95年的从业经历,拥有与行为困难儿童及其家庭打交道的丰富经验。

显而易见,梅梅、卡伦和简也有一些共同的价值观。虽然每位作者因为个人经历的不同而有着各自独特的视角,但她们都相信,要优化家庭生活中的支持和结构,就要积极行动,以鼓励为主,要以相互尊重的、有效的方式处理问题,而不是被动地做出反应和施以惩罚。

梅梅·希内曼(Meme Hieneman),哲学博士,认证行为分析师(BCBA),积极行为支持应用(Positive Behavior Support Applications)顾问,普渡大学全球学院(Purdue University Global)教师,佛罗里达州棕榈港家庭与社区积极行为支持网络(Home and Community Positive Behavior Support Network)主席。

梅梅是一位咨询顾问、研究者和教育家,她曾与一些组织一道倡导为存在重大行为挑战的儿童提供支持,并通过教学和非营利性工作为大众提供相关信息和资源。她结婚三十余年,膝下两子刚成年。梅梅拥有特殊教育博士学位,是认证行为分析师,发表过多篇论文,撰写过多个专著章节,还出版过三本图书。她为孤独症及其他发展性障碍儿童的家长开发了一套详尽的关于积极行为支持(Positive Behavior Support, PBS)的视频和培训课程包,并定期为《养育子女的特殊需要杂志》（Parenting Special Needs Magazine）撰稿。

在过去的三十多年里，梅梅致力于为存在严重行为挑战的儿童及其家庭工作。她曾担任寄宿项目经理、学区行为专家、"协助孤独症儿童家庭和专业人士"项目的工作人员、南佛罗里达大学（University of South Florida, USF）兼职讲师、州 PBS 项目负责人（帮助学校实施积极的循证干预）。她还曾担任美国 PBS 研究与培训中心的联合培训协调人、南佛罗里达大学积极家庭干预项目的研究主任、约翰·霍普金斯儿童医院应用行为分析（Applied Behavior Analysis, ABA）和孤独症项目的主任和开发者，以及美国国立卫生研究院（National Institutes of Health）的一项关注家长行为教育的研究的联合首席研究员。此外，她教授过 ABA 硕士课程，为以家庭为中心的行为支持机构提供过咨询，并领导了一个名为"家庭与社区积极行为支持网络"的非营利组织（https://hcpbs.org/）。

卡伦·埃尔夫纳（Karen Elfner），文学硕士，南佛罗里达大学坦帕分校儿童与家庭研究系研究助理。

卡伦是两个孩子的母亲，而且她的两个孩子都已结婚，也开始了育儿的冒险之旅。卡伦很享受她作为"祖母"的新角色，并期待着这个家族人丁兴旺。目前，卡伦在职业上专注于学校积极行为干预和支持系统的开发、使用和评估。在她的整个职业生涯中，她一直在寻找机会帮助教师和家庭处理儿童具有挑战性的行为。工作之余，卡伦喜欢帮助有需要的人（包括家人和朋友），也喜欢与她的治疗犬一起照亮病人和老人的生活。卡伦的职业经验包括：教育有严重情绪障碍的学生；组织以具有挑战性行为的儿童为被试的 PBS 研究；协调各州家长参与中心的工作；培训教育工作者在全校范围内针对学生实施一对一的 PBS。卡伦在开展专业实践和扮演她最重要的角色（为人母）的过程中积累了大量宝贵的知识和经验，她盼望着通过分享它们来帮助他人。

简·塞尔盖（Jane Sergay），教育学硕士，在佛罗里达州坦帕市希尔斯伯勒县学区综合家庭读写能力服务系统的成人与社区教育部门工作。

简·塞尔盖与她的丈夫斯蒂芬育有三个女儿：阿曼达、丽贝卡和萨曼莎。在孩子们长大之后，她有了更多的时间反思，这让她对育儿质量的重要性以及家庭在尝试开展有效育儿时所面临的挑战有了更深刻的洞察和更全面的理解。简始终致力于提升儿童及其家庭的幸福感。她在自己的孩子还很小的时候就开发了一个家长教育项目，继而向团体和个体传授积极育儿的技能。她曾在哈佛大学教育研究生院参与研究有效育儿的特征，并引导家长向有特殊需要的子女传授基本技能。她曾在莱斯利学院教授儿童发展课程，并在南佛罗里达大学指导家长参与学校活动的项目。为养育孩子和支持其他家长奉献自己全部的精力，一直是她的工作和生活的核心主题，也是她一生中最值得珍惜和最重要的成就。

前　言

积极行为支持（Positive Behavior Support, PBS）起源于20世纪80年代末和90年代初的应用行为分析。最初，PBS的设计是为了帮助有极端挑战性行为历史且具有明显的发展性障碍和智力障碍的儿童和成年人。然而很快，它的应用范围就扩大了，可用于行为方式更温和的人群，也可用于具有各种发展、智力和社会特征的人群。可以说，现在这种能在寻常环境中运用的PBS，其发展满足了普通大众对有效行为管理（支持）程序的需求。

PBS的设计灵感来自两股力量。第一股力量是公民和残疾人权益活动家坚决要求使用更人道、非惩罚性和非污名化的程序替代管理破坏性行为的厌恶性技术。第二股力量是人们越来越清楚地认识到，挑战性行为是有功能的，而且在大多数情况下，它可以被理解为沟通行为。这就引出了一个公理，即如果我们能够弄清楚挑战性行为想要传递的真实意图，就可以用更理想的沟通行为（如言语）替代挑战性行为。在专业领域，这个"弄清楚"的过程被称为功能评估（Functional Assessment）或功能性行为评估（Functional Behavioral Assessment, FBA），而FBA也立即被确立为PBS的基本原则之一。

20世纪90年代初创立的PBS是一个包含功能评估和根据评估结果制订个性化干预计划的过程。干预计划由研究文献中记载的可能有效的策略组成，包括教授有用的沟通技能以替代挑战性行为，操纵前提事件（antecedent events）以预防挑战性行为的发生并促进理想行为的发生，以及改进后果（consequences）安排以强化理想常规。霍纳（Horner）及其同事（1990）和卡尔（Carr）及其同事（2002）在关键的定义性文章中阐明了这种被称为PBS的新方法的主要特点，包括以下几个方面。

- 使用**支持**这一术语，而非**管理**，因为重点应该是支持理想行为和高质量的社会－情感－行为发展，而非管理问题行为。
- 关注个体的生活方式的全貌，而非简单地从微观角度看待个体面临的挑战。
- 确保干预和支持措施适用于个体的真实生活，而不仅限于个体在诊所或特殊教育教室中做出的行为。
- 基于对个体行为的全面评估和理解（如FBA）制订干预和支持计划。
- 强调教学、前提安排和预防。
- 邀请利益相关者（家庭、教师等）参与目标的设定、评估的开展以及干预和支持程序的设计和实施。

从20世纪90年代末开始，美国的出版商、大学、各州和地方教育机构发行了数百种有关PBS的书籍和手册，旨在描述PBS的过程和程序，其中大多数都非常出色。然而，它们中的绝大多数都与学校中的行为有关。尽管人们普遍认为家庭是社会性和行为发展最重要的场所，但是有关家庭和社区环境中的行为支持的信息和指导资源却寥寥无几。

那么，我为什么要介绍PBS的历史和背景呢？答案是，它们与你手中的这本书息息相关。这本书是2006年出版的写给家长的"PBS指南"的第2版，由梅梅·希内曼、卡伦·蔡尔兹（埃尔夫纳）和简·塞尔盖合著。当时，关于PBS与家庭的书籍非常少（比如，Lucyshyn et al., 2002），实际上，并没有真正供家庭在实践中使用的PBS权威书籍。《用积极行为支持育儿：解决孩子的困难行为的实用指南》(*Parenting With Positive Behavior Support: A Practical Guide to Resolving Your Child's Difficult Behavior*)（Hieneman et al., 2006）填补了这一空白，并为PBS日益增长的影响力及其传承做出了非常有意义的贡献。

本书的第1版在许多方面取得了非凡的成就。

- 书中提出的过程、程序和建议全部以可靠的研究和经验为基础。
- 书中讲述的内容体现了PBS的最佳表现形式。

- 书中没有使用专业术语，甚至像**功能性行为评估**这样的术语也被解释为"收集和分析信息"。
- 整本书通俗易懂，实用性强，同时保留了以科学为基础的 PBS 策略所必需的准确性和严谨性。
- 书中包括明确的指导、有用的工具和图表，能帮助读者轻松地实施 PBS。

现在，我们有了这本书的第 2 版，并将第 1 版的副标题改为"解决孩子的挑战性行为"。我很高兴地告诉你，第 2 版保留了第 1 版的所有优点，并增添了许多新内容。值得一提的是，作者提供了一本完整的可供下载的工作手册。该手册不仅包含可填写的表格，而且为 PBS 过程的各个阶段提供了有意义的指导。第 2 版还增加了有关重要实践的细节，并提供了展示关键策略实际实施情况的视频。这些都是有益的修订，会使第 2 版比第 1 版更有价值。这真是一项了不起的成就。

在结束这篇前言之前，我想讲讲我与这个作者团队的渊源。20 世纪 90 年代，作为南佛罗里达大学的一个活跃的研究小组的成员，我曾和梅梅·希内曼、卡伦·埃尔夫纳密切合作。在 PBS 的形成期，我们小组与其他几个小组一起在学校、家庭和社区里开展研究工作，我们开发并讲授了旨在尽可能广泛地传播 PBS 的培训课程。梅梅和卡伦为这些工作做出了宝贵的贡献，看到她们付出的努力收获了不断扩大的影响力，我感到非常欣慰。能成为她们的同事和朋友是我的荣幸。

2021 年 8 月，梅梅·希内曼在与癌症进行了长期而勇敢的斗争之后与世长辞，我们悲痛不已。我与梅梅相识数十载，她是我最亲密和最珍视的朋友。我有幸在南佛罗里达大学担任她的博士生导师，而后，我们又成为同事并且经常合作，彼此之间的联系更加紧密。我们非常怀念梅梅。

格伦·邓拉普（Glen Dunlap）博士
内华达大学里诺分校（University of Nevada, Reno）

参考文献

Carr, E.G., Dunlap, G., Horner, R.H., Koegel, R.L., Turnbull, A.P., Sailor, W., Anderson, J., Albin, R.W., Koegel, L.K., & Fox, L.(2002). Positive behavior support. Evolution of an applied science. *Journal of Positive Behavior Interventions*, 4, 4–12.

Hieneman, M., Childs, K., & Sergay, J.(2006). *Parenting with positive behavior support: A practical guide to resolving your child's difficult behavior*. Paul H. Brookes Publishing Co.

Horner, R.H., Dunlap, G., Koegel, R.L., Carr, E.G., Sailor, W., Anderson, J., Albin, R.W., & O'Neill, R.E.(1990). Toward a technology of "nonaversive" behavioral support. *Journal of the Association for Persons with Severe Handicaps*, 15, 125–132.

Lucyshyn, J., Dunlap, G., & Albin, R.W.(Eds.)(2002). *Families and positive behavior support: Addressing problem behaviors in family contexts*. Paul H. Brookes Publishing Co.

致 读 者

《积极行为支持教养手册：解决孩子的挑战性行为》是专门为你——希望孩子的行为得到改善的家长或照顾者而写的。通过阅读本书，并将其中的概念应用到特定的例子和你的现实生活中，你将学会使用一种有效的问题解决程序——积极行为支持（PBS），以解决孩子的挑战性行为，并从整体上改善你的家庭生活。在开始介绍本书的内容之前，我们认为有必要先分享一下我们撰写本书的原因，并向你解释本书的用法和特色，以及这个版本更新的内容。

我们撰写本书的原因

自从我们为人父母并投身应用 PBS 的事业以来，为家长撰写一本专门介绍 PBS 的书一直是我们的目标。我们认为这很重要，原因是：（1）我们亲身体验了 PBS 为家庭带来的益处；（2）关于这一主题，目前还没有针对家长和/或非专业照顾者的全面且易于使用的资料。

多年来，我们发现，即使拥有丰富的经验，也接受过专业培训，养育孩子可能仍是一件极其困难的事情。有时，我们每个人面对孩子看似正常的行为都会自我怀疑、灰心丧气和筋疲力尽。基于我们的专业经验，我们认识到 PBS 在构建环境和应对行为挑战方面非常有效。因此，当我们在养育孩子的过程中遇到挑战时，我们每个人都努力地将 PBS 纳入自己的育儿实践，并取得了积极的成果。针对我们的孩子和家庭使用 PBS 的原则，让我们能够更积极主动、更有创造力、更爱孩子，也能够更有效、更高效地应对行为挑战。

与此同时，尽管一直有研究证明 PBS 在儿童身上和在学校环境中是有效的，但很少有人为家庭开发有关这一主题的材料，而且在现有的为数不多的材料中，我们还没有发现任何一种行文方式能让大多数家长轻松地吸收这些信息并将其付诸行动。此外，尽管大众媒体推出了许多有关养育和管教孩子的书籍、录像和培训项目，但它们都没有充分地描述 PBS 的原则或过程。这些面向大众的材料提供了很好的想法和策略，但没有提供一个完整的框架以教导家长和其他照顾者解决自己面对的行为挑战，并为他们的孩子和家庭选择适当的行为干预方案。经由本书，我们得以将自己的专业经验和个人经验结合起来，专门针对家长和其他照顾者的便于使用的 PBS 工作手册随即诞生。

本书的目标读者

本书的目标读者是那些正在经历典型的行为挑战，可能还伴有更大困扰的儿童的家长和其他照顾者。本书对经常参与儿童或家庭生活的其他成年人（包括教师、保姆、祖父母、教练和治疗师）可能也有帮助。

除了家长和照顾者以外，亲职教育者和其他与家庭打交道的专业人士也会发现本书是一份很实用的资料。本书的编排方式、描述的案例和活动非常适合用于举办培训研讨会和开展其他形式的教学。

本书的写作风格

本书在写作方式上有一些特别之处。首先，考虑到这本书主要是写给家长的，也是由家长写的，我们希望它能直接与你对话。考虑到我们自己也是家长，面临的许多问题和挑战与你正在面临的一样，我们选择以"我们"这样的集体口吻撰写本书。书中所说的"我们"，既指阅读本书的你和我们，也指其他所有与你的孩子和家庭生活有联系的人。

其次，我们尽力避免使用不必要的专业术语。尽管我们力图做到用词精准，但在很多情况下，我们还是选择使用通俗的语言，甚至使用俚语来表达我们的观点。

最后，我们避免使用指令式的语言（比如，"你应该"），而是提供各种选择或提出各种考虑因素，指导你做出个人决策。PBS 不是一套方法，而是一个个性化的问题解决过程，在这个过程中，你可以根据自己的需要和情况选择策略。

版本更新

本书第 1 版出版于 2006 年，书名为《用积极行为支持育儿：解决孩子的困难行为的实用指南》。然而，家长不仅可以利用 PBS 应对严重的行为挑战，还可以利用它改善家庭生活，使所有的家庭成员茁壮成长。梅梅·希内曼从这个想法中得到了启发，她将这本书中的一个章节扩展为另一本关于 PBS 的书——《帮助你的家庭茁壮成长：积极行为支持实用育儿指南》（*Helping Your Family Thrive: A Practical Guide to Parenting With Positive Behavior Support*, 2022）。

《积极行为支持教养手册：解决孩子的挑战性行为》和《帮助你的家庭茁壮成长：积极行为支持实用育儿指南》相辅相成。一本书帮助家长运用 PBS 应对具体的挑战，另一本书帮助家长全面运用 PBS 改善家庭生活。一本书是关于如何应对出现的挑战性行为的，另一本书是关于预防的，侧重于改变整个家庭和家庭环境。这两本书都会引导你走完 PBS 的全过程，包括设定目标、分析模式、制订策略、实施计划和监控进展——一个持续不断的循环（参看图 I.1），需要根据孩子的成长和变化适时做出调整。这两本书在内容上是相互独立的，但我们仍然鼓励你一起使用它们，可以从更符合自己当前需求的那一本开始。

《积极行为支持教养手册》分为四个部分：第一部分概括地介绍了 PBS 及其在日常生活中养育和支持孩子的作用；第二部分讲述了一个逐步解决问题的过程；第三部分分享了在三个孩子身上具体实施 PBS 的故事；第四部分讨论了家长如何将 PBS 融入自己的生活和家庭，以及如何克服障碍，成功实施PBS。每一部分都包括各种案例和练习活动，以强化你对内容的了解。

设定目标 → 分析模式 → 制订策略 → 实施计划 → 监控进展 →（循环）

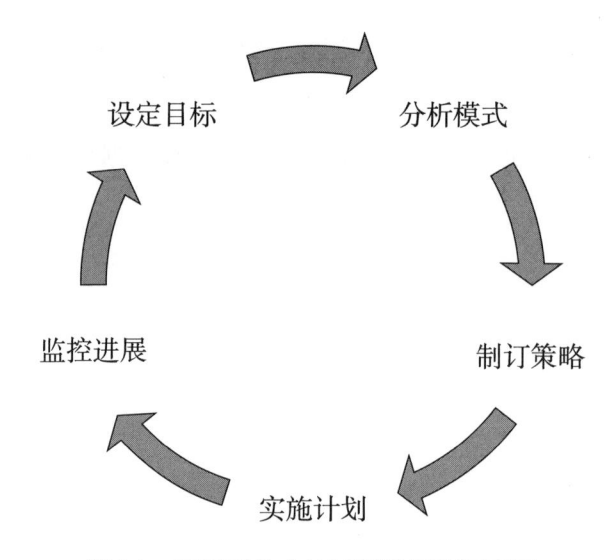

图 I.1　积极行为支持过程的循环示意图

［摘自 Hieneman, M., Raulston, T., & Strobel, L. (2017). *Special issue: Positive behavior support in family routines* (six-article series). *Parenting Special Needs Magazine* (online). https://magazine.parentingspecialneeds.org/publication/?m=13847&i=461820&p=1&ver=html5］

第 2 版附有在线资源，可用于支持家庭应用 PBS。你可以使用本书的工作手册和监控进展的 Excel 电子表格。工作手册中有各种可填写的 PDF 表格，用于收集信息、制订儿童行为支持计划，以及在家庭生活中提供额外的行为支持。你可以选择下载完整的工作手册，也可以在需要时单独下载每份表格。[①] 请参看书中的"可下载资源"列表，以确定你所需要的内容。

最后，有几章提供了梅梅·希内曼制作的视频的链接，用于解释 PBS 的策略和展示其实际应用情况。观看这些视频可以加深你对 PBS 的理解。

如何充分利用本书

《积极行为支持教养手册》是一本实用指南，供家长和其他照顾者在应对孩子的行为挑战时使用。它创建了一个框架，能最大限度地促进所有家庭成

---

① 编注：扫描本书封面勒口的二维码，即可下载这些表格。

员之间的积极互动。为了充分发挥这本书的作用，我们建议你做到以下几点。

- **学以致用**。先阅读并理解本书的内容，再深入思考如何把PBS的原则、框架和过程与你的孩子和家庭联系起来，以及如何应用你通过案例和练习学到的知识。PBS的终极价值在于内化它的原则和过程。贯穿各章的活动、"继续阅读之前"的提醒和"你怎么看？"的练习都会督促你深刻领会书中的案例，把PBS应用于自己的家庭。你可以把自己的想法直接记录在书上、单独的笔记本上或文档中，以及/或者记录在可下载的表格中。没有唯一正确的读书方式，只要积极尝试，就是好的方式。
- **策略要有创意**。不要把自己局限在本书提供的建议上，这些建议可能对你的孩子和家庭有用，也可能没用。PBS是一个解决问题的过程，而不是一份提供干预方案的"食谱"。你应该根据自己的具体情况、资源和需求来制订解决方案。
- **与他人合作**。生活在你周围的人不是在强化，就是在干扰PBS的过程，所以请尽全力让最了解你的孩子和家庭、经常与你互动，以及可能会影响你的行动结果的人都参与进来。
- **整合其他方法**。必要时，适当地把PBS与其他可能对你的孩子或家庭有益的想法、方法或服务（如心理咨询、医疗干预）结合起来。PBS并不排斥其他可以帮助你的孩子和家庭的方法。
- **追踪进展**。监控孩子的进展情况，并在需要时做出调整，确保计划既可行又有益。

感谢你拿起这本书。PBS一直在帮助我们，希望它对你也有所帮助。

致　　谢

　　本书的素材不仅来自我们自己的个人经验和专业积累，也来自我们的同事和朋友。我们从积极行为支持和育儿领域振奋人心的研究中获益匪浅（参看书末的资源清单）。我们从这些年来与我们交往的家庭中学到的最多。他们与我们分享了自己面临的挑战和取得的成就，他们的故事帮助我们搭建了这本书的框架。在此，感谢我们所有的老师。

　　感谢保罗·H.布鲁克斯出版公司的工作人员，他们能力出众、乐于助人，他们帮助我们把关于两本书互补的构想变成了现实。

　　最后，感谢我们的家人和朋友一直以来的鼓励和支持。

悼　　词

玛丽·埃伦（梅梅）·希内曼（1965—2021）

在《积极行为支持教养手册（第2版）》出版之前，给予我们莫多鼓舞的朋友和同事、与癌症勇敢抗争多年的梅梅·希内曼博士永远地离开了我们。值得庆幸，也有些令人讶异的是，虽然梅梅在去世前身体日渐衰弱，但她仍然完成了对书稿的精心修订，并实现了出版配套书籍《帮助你的家庭茁壮成长》的心愿。梅梅决心与全世界分享她对基于家庭的积极行为支持的热忱，并把完成这两本书作为她最后的使命之一。

梅梅离开了她挚爱的家人、同事、学生和无数曾经接受她的帮助的人。梅梅对积极行为支持领域的贡献是多方面的。她的言谈举止体现了积极行为支持的原则，她与许多合作者共同努力，确保她在该领域的影响力得以延续。她留下的遗产包括为《养育子女的特殊需要杂志》撰写的多篇文章，创建的"家庭与社区积极行为支持网络"，开发的"实用常规"（Practiced Routines）课程，以及众多具有创新性和影响力的研究项目，等等。

无论是研究、写作、咨询、教学，还是宣传，梅梅都孜孜不倦地致力于在家庭和社区环境中推广积极行为支持技术的有效应用。她才华横溢、敢作敢为、坚韧不拔，正是每一个人都希望拥有的那种支持者。你会在《积极行为支持教养手册》和《帮助你的家庭茁壮成长》这两本书中看到她的这种精神。梅梅的精神将继续传承下去，它存在于她所创立的组织中，存在于她曾提供的颇有影响力的指导和辅导中，也存在于她为所有人留下的宝贵资源中，它将继续影响每一个走进积极行为支持领域的人。

第一部分　导言与概述

积极行为支持的基础知识

"养育孩子可能是我们的一生中最重要的、最具挑战性的工作。"这句话已被多次提及，听起来可能有些像陈词滥调，但我们确实有责任把孩子培养成有担当、有爱心和有作为的成年人——这似乎是一项十分艰巨的任务。长久以来，我们担心孩子无法养成健康的生活习惯，无法建立积极的人际关系，无法掌握未来获得成功所需的技能。有时，我们可能会对自己的能力充满信心，认为自己既能引导和支持孩子，又能兼顾其他很多事情。有时，我们可能又会对自己为人父母的角色感到困惑或沮丧。

孩子的行为是最有可能挑战我们的事。当孩子言行不一、出言无状或伤害他人时，我们会被激怒。相应地，我们可能会尝试使用各种策略控制孩子的行为——有时会成功，有时会造成不良影响，有时则根本不起任何作用。在寻找解决方案的过程中，我们可能会担心孩子的行为方式和我们的反应方式形成一种模式，并持续终生。考虑到这一切，我们试图寻找一种一致而有效的方法来鼓励积极的行为，并解决问题，从而帮助我们的孩子成长为快乐、内心富足和有胜任力的成年人。

《积极行为支持教养手册：解决孩子的挑战性行为》介绍了一种被称为**积极行为支持**（Positive Behavior Support, PBS）的方法，这种方法已被证明在学校和社区项目中是有效的，在家庭环境中也极有帮助。PBS能帮助我们改变构建家庭和生活的方式，改变我们回应孩子的方式，以使我们更自信、更有效地应对孩子的行为。这种方法包含一套解决问题的程序，它能帮助我们了解孩子的行为背后的原因，并制订解决方案以鼓励我们期望出现的行为，预防或阻止我们不期望出现的行为发生。

　　PBS在应对挑战性行为方面的价值已经在实证研究和现实生活（包括本书作者的孩子和家庭）中反复得到证明。虽然它最初针对的是有极其严重的障碍和行为问题的人群，但这些原则和做法现在已被有效地应用于更广泛的人群和情境中。长期存在严重行为问题（如发脾气、挑衅和攻击行为）的孩子的状态得到了极大的改善，包括问题行为显著减少，甚或消失（相关研究的来源，参看书末的"参考文献"）。此外，PBS给孩子和家庭的生活带来了更广泛的影响，使他们能够参与更多的活动，去更多的地方，花更多的时间与他人相处，以及更有效地发挥自身的作用。在本书中，PBS在家庭中的适用性以及为其带来的益处是显而易见的。

　　第一部分分为两章。第1章主要介绍哪些类型的行为可能会带来挑战，为什么有必要处理挑战性行为，以及如何处理这些行为。第2章概述了PBS，包括它的基本假设和特点，以及为什么PBS对家长和其他参与养育孩子的人很重要。

第 1 章　理解和处理行为

你 2 岁的孩子哼哼唧唧，紧紧地抱着你的腿，反复要求你把她抱起来，这让你几乎没法做晚餐、打电话，甚至没法查看邮件。

你 9 岁的孩子大喊大叫，拒绝与你分享东西，还会把他妹妹骂哭。如果妹妹试图反抗，他就会对妹妹动手。即使你惩罚他，似乎也无济于事。

你 14 岁的孩子愿意与你谈论的话题和参与的活动非常有限。你觉得这会妨碍他交朋友和变得更加独立。

作为父母，我们应该如何解决这些问题？当孩子的行为令我们担忧时，我们就面临着艰难的决定：哪些行为是可接受的，哪些行为是不可接受的？是否应实施干预？应采用哪种方式应对这种行为？这些都是价值判断，需要我们认真思考自己的信念以及孩子和家庭的特点、需求、优先事项。本章将探讨这些问题，包括什么构成了挑战性行为，以及我们选择干预的时间、方式和原因。

什么构成了挑战性行为？

由于本书讲述的是如何以积极有效的方式应对行为，因此有必要先解释什么是行为，以及哪些类型的行为可能会构成问题或挑战。**行为**是指人们所说或所做的一切，包括说话、走路、触摸和移动。行为本身并不构成问题，它只是对人们生活的不同状态的描述。然而，有些行为通常被人们认为有问题，比如，发脾气（如尖叫、扔东西），伤害他人，与权威人士顶嘴或争吵，拒绝服从指令。在本书中，我们将这些行为统称为**挑战性行为**（challenging behaviors）。

某些行为之所以被视为具有挑战性，是因为它们会对牵涉其中的儿童、其他人或周围环境产生一定的影响，或者仅仅因为它们不符合常规或家庭的要求。表 1.1 列出了几个通常与挑战性行为有关的维度。

表 1.1　挑战性行为的维度

危险：该行为可能会伤害孩子自己或他人。
例子：贾丝明生气时咬其他孩子。
破坏：该行为可能会造成财产损失。
例子：米格尔掰弯并折断他父亲的 DVD 光盘。
扰乱：该行为令人心烦意乱，或者会破坏家庭或其他场所（如餐厅、公园）的和谐气氛。
例子：阿莉莎遭到他人拒绝时与其大声争吵。
令人厌恶：该行为会导致他人的不认可或回避。
例子：戴维挖鼻孔并吃掉鼻痂，或者把鼻涕抹到某些物品上。
发展不适宜：该行为是低龄儿童的典型行为，而不是该年龄段儿童的正常行为。
例子：蒂龙每天哭好几次。（如果蒂龙只有 6 个月大，那么哭闹是正常的，这是婴儿表达需求的主要方式。然而，如果他 8 岁了，那么他应该以与其年龄更相符的方式表达自己的需求。）

行为是否需要干预取决于多个因素。第一个因素是行为的严重性。具有危险性或破坏性的行为通常需要我们立即采取行动，以确保家人、朋友和周围环境的安全。其他行为（扰乱、令人厌恶的或发展不适宜的行为）可能会令人恼火或感到不安，但并非真的有害。只有当这些行为变得特别棘手或者妨碍孩子或家庭获得成功和幸福时，我们才会决定处理它们。

第二个因素是挑战性行为发生的频率，是偶尔发生一两次，还是已经形成一种长期的模式。模式指的是持续的行为或对环境的固定反应。它们可能会变得毫无益处且根深蒂固，并对我们的孩子和家庭的生活产生负面影响。我们眼中的不良行为，如果只是偶尔发生，那是很正常的（每个人都是这样，不仅仅是孩子），而频繁或长期发生挑战性行为则通常意味着我们需要采取行动，解决问题。

第三个因素是个人和家庭的价值观，这个因素非常重要。每个人都是独一无二的，人与人之间的差异会影响我们判断哪些行为不可接受（以及哪些行为可以接受）。我们对行为可接受性的看法可能受很多因素的影响，包括父母对我们的期望（当我们还是小孩子的时候），以及我们在行为和正规教育（比如，参加教师培训或管理培训）方面的个人经历。这些看法可能还会受我们所处的文化和社区环境以及其他一系列因素的影响。

总之，应该根据我们个人的价值观和具体情况以及行为对孩子、家庭和社区的影响程度来确定什么构成了挑战性行为。在决定对孩子的行为进行干预之前，我们应该仔细考虑自己的偏好和优先事项——根据这一部分描述的问题选择我们的"战场"。

■活动■　行为优先级排序

列出你的孩子令人担忧的行为，从 1 到 5 进行排序（按从最严重到最不严重的顺序）。确定每一种行为是否值得处理，并删去那些不值得处理的行为。在做决定时，请考虑"挑战性行为的维度"和这一部分描述的其他标准。

1._____

2._____

3._____

4._____

5._____

处理行为的注意事项

如前所述，阶段性的行为问题可能只是成长过程中的一个插曲（如可怕的两岁、青春期叛逆）。然而，如果任由挑战性行为持续下去，并且变得越来越严重，最终演变成长期存在的模式，那么就会对我们的孩子、家庭和生活中的其他人造成持久的影响。在这种情况下，我们不仅有权利，而且有责任进行干预。

行为挑战的影响

挑战性行为会以各种方式影响我们的孩子和家庭。这一部分会介绍挑战性行为带来的一些影响（以及我们决定处理孩子的行为的可能原因）。

学习和发展滞后　孩子把时间花在挑战性行为上实际上可能会妨碍他们参与其他更积极的活动。有挑战性行为的孩子在学习新技能的时候可能不太愿意合作。例如，他们可能会在静坐阅读、参加团体运动或与同龄孩子玩耍时遇到困难。他们可能会因为捣乱或拒绝服从指令而错过重要的体验。因此，挑战性行为可能会阻碍孩子的社交、智力发展，甚至影响身体发育。

扰乱家庭和社区生活　挑战性行为不仅会困扰行为者本人，还会影响其周围的每一个人。孩子的挑战性行为可能会给其父母的夫妻关系带来压力，扰乱家庭常规，破坏整个家庭的和谐。挑战性行为还有可能引发多米诺骨牌效应：一个家庭成员的行动很快就在整个家庭里掀起了轩然大波。最终，家庭成员和其他照顾孩子的人可能会发现，由于随之而来的混乱，他们放弃了潜在的宝贵体验，如一起吃晚餐或玩游戏。

孩子和家庭的疏离　有时，孩子有挑战性行为，其家庭会感觉自己与社区隔绝了，因为父母或其他照顾者不知道他人会怎么回应他们的孩子的不当行为。他们可能会发现自己很难去餐馆、商店之类的地方，也很难参加社区活动。父母可能还会发现自己常常因为预料到会出现问题而拒绝他人的邀请，避免外出，并限制自己的交际范围。特别严重的挑战性行为可能会导致孩子被停学，或被要求离开托儿所、公共场所或社交场所。

破坏人际关系　持续应对挑战性行为会破坏父母与孩子及其他家庭成员的关系。这通常会使人精疲力竭、情绪低落，特别是如果父母认为自己一直在管教（尤其是惩罚）孩子，而不是把宝贵的时间花在与孩子相互依偎、一起玩耍或单纯地享受孩子的陪伴上面。父母可能会以消极的态度看待和对待孩子。他们可能会发现自己与伴侣就"怎么处理那个孩子"争论不休，或者做出对其他家庭成员不公平的让步。这可能会导致父母感到自己与孩子和家庭渐行渐远。

人际关系问题也有可能发生在家庭之外。有挑战性行为的孩子可能很难结交朋友和维持友谊，也很难与其他成年人互动。因此，他们可能会被排除在重要的童年活动之外，如生日聚会、在朋友家过夜或在小区里闲逛。

当然，这些只是处理挑战性行为对孩子和家庭来说很重要的部分原因，而非全部原因。无法有效干预并改变这些模式可能意味着小问题会变成大问题，造成长期的负面影响。

干预注意事项

评估孩子的行为的可接受性并决定是否进行干预是很困难的事。我们必须认识到，试图改变他人的行为可能是对他人的一种冒犯。作为父母，我们当然有责任引导和塑造孩子的行为，但我们必须在自己的担忧和干预行为的计划与孩子、家庭或我们自己可能付出的代价之间权衡，慎重抉择。

我们可能要考虑干预对亲子关系和孩子的自信心的影响。不妨问问自己这样的问题："孩子会把我当成一个暴君吗？"或者"孩子会觉得自己失去了掌控权吗？"我们可能还要考虑时机。例如，问问自己："孩子还在适应新学校，现在处理这种行为有意义吗？"最后，我们可能要评估实施解决行为问题的策略需要花费多少时间和精力。如果他们的行为并没有带来很大的麻烦，而我们当时又被其他优先事项压得喘不过气，加上／或者改变这种行为需要付出很大的努力，那么我们可能希望暂时搁置干预，直到时机成熟。

如何应对挑战性行为

一旦认定有必要进行干预，我们就想知道接下来该怎么做。我们是忽视孩子的行为，还是尝试跟孩子讲道理？是施加后果（consequences），还是放过这一次，为下一次做好打算？这样的决定在一定程度上取决于我们个人的价值观、经历以及对孩子的行为的看法。

我们可以从自己的成长史（特别是我们在孩提时代受管教的方式）中汲取灵感。我们可以征求朋友、家人或邻居的意见。我们可以向医务人员、教师、咨询师或其他与孩子打交道的人寻求建议。我们可以静观其变，盼望孩子顺利长大成人。我们可以搜寻许多有价值的管教类书籍或课程（参看书末的"参考文献"中的"育儿资源"部分），选择其中看起来不错或对我们有吸引力的策略。无论我们走向哪里，重要的是，我们在做决定之前要检视自己的逻辑，这样才能确定哪些方法对我们的孩子和家庭有益。

关于行为的假设

我们必须认识到，我们理解和处理孩子的行为的方式大多基于自己对行为的态度、感受和个人假设——所有这些都源自我们的个人经历。有时，关于行为为何发生或如何应对行为的观点来自家庭成员、朋友或媒体上流传的误解或谬见。有时，我们的反应是感性的，而非理性的。

我们可能会觉得自己要对孩子的一切行为负责，觉得孩子的行为就是我们自己的写照。我们可能会认为他人是根据孩子的行为来评价我们的。于是，我们感到尴尬，过于在意他人的想法；我们感到沮丧，因为孩子的行为打乱了原有的计划；我们感到担忧，害怕孩子的行为会给其他家庭成员留下终身的创伤；我们愤怒或悲伤，因为孩子的表现如此糟糕。我们可能会发现自己只关注这些挑战性行为，而忽略了孩子的好行为和好品质。实际上，只要我们不那么关注那些挑战我们的行为，孩子的积极行为就是我们可以利用的优势。

虽然我们在挑战性行为发生时所体验到的大多数强烈情绪在行为停止后都会迅速消失，但仍有可能产生持久的影响。我们也许会随身携带着这些情绪留下的痕迹，而这会改变我们看待孩子的方式，并促使我们仅仅出于习惯而对孩子的行为做出反应。有时，我们的反应建立在某些毫无益处的信念之上（比如，管教意味着惩罚孩子；童年应该是快乐的时光，孩子不应该受到约束；父母必须随时控制孩子）。所以，我们可能会冲动地对行为做出反应（比如，在孩子犯错时大吼大叫），即使我们知道这些反应不可能改变孩子的行为。

有时，我们的反应方式（如让步）会使某种行为更有可能再次发生。由于我们对孩子的行为挑战已经习以为常，可能会在无意中激励或鼓励孩子做出挑战性行为，从而形成一个自我延续的循环。总之，想要更客观地看待行为并制订有效的解决方案，就必须了解我们的反应背后的观念。

客观地看待行为

理解孩子的行为，需要我们客观地看待情境和互动，关注实际发生的事情，而不是带着情绪介入孩子的行为（这种理解是 PBS 的一个基本特征；参看第 2 章）。这种实事求是的评价可能会挑战我们旧有的假设，使我们质疑自己对挑战性行为的一贯反应。客观性并不是自然而然形成的，尤其是当我们面对长期困扰我们的行为挑战时。然而，如果我们在试图观察和处理孩子的行为时，脑海中总是浮现错误的假设，那么这些想法可能就会扭曲我们对孩子的行为的理解，进而影响我们处理行为问题的方式。

在使用 PBS 之前，我们需要审视自己的假设，并摒弃任何有可能干扰这一过程的情绪或态度（比如，"他只是在捉弄我"），包括学会忽略他人的"指指点点"。我们还需要用更积极、更现实的观点取代所有消极的自我对话。从本质上讲，我们需要找到摆脱情绪包袱的方法，并敞开心扉，接受新的行为信念。

■**活动**■　关于行为的假设

考虑一下，孩子的行为在什么情况下特别令你头疼。写下你对孩子的行为的看法和感受，以及这些看法和感受如何影响你对孩子的行为的反应。列出可能会干扰你的客观性的假设（如有必要，请使用单独的一张纸）。

_____
_____
_____
_____
_____

当我们弄清楚自己为什么这样理解和处理行为时，我们就能拥有全新的视角，并以更有效的方式与孩子相处。我们还能避免将涉及挑战性行为的情况归咎于自己，进而增强我们在处理这类情况和掌控自身方面的信心和自豪感。

另辟蹊径

在为孩子的行为挑战寻找解决方案的过程中，我们很可能会找到一些有效的方法，或者至少让事情在一段时间内看起来有好转。相反，我们也可能会发现这些改善只是暂时的，或者它们引发了一系列新的挑战，迫使我们不得不回到原点。这种盲目试错的过程可能会给我们的孩子、家庭和我们自己带来很多挫折。我们要寻找的是能真正解决问题的长效方法，也就是说，解决方案要与问题及其原因相匹配，而不是专注于使挑战性行为暂时在我们面前消失，然后可能在其他情境中再次出现——"野火烧不尽，春风吹又生"。PBS 为我们理解和解决行为问题提供了一个框架。它指导家庭及其支持网络的成员以预防问题出现、传授技能和教孩子自助的方式重建他们的生活和解决行为问题。它并不能取代多年以来出现的其他优秀的育儿策略，而是帮助我们为孩子和家庭选择正确的方法。

小结：我们应在什么时候处理挑战性行为？

行为是否需要干预，取决于其产生的影响、发生的环境以及当事人的价值观。处理行为需要仔细考量各种观点、需求和优先事项。此外，还必须判断处理行为给孩子和家庭带来的益处是否大于付出的代价。一旦我们决定进行干预，我们就必须尽可能保持客观，摒弃那些可能会干扰 PBS 创造性解决问题的假设。

继续阅读之前

- 你是否已明确孩子的哪些行为令人担忧,并考虑过它们是否值得你关注(即以"挑战性行为的维度"和其他考量因素为判断依据)?
- 你是否考虑过自己对行为的假设及其对你的反应的影响,以便你能更客观地看待孩子的行为?

第 2 章　认识积极行为支持

PBS 是一种基于实证研究的方法，为在家庭、学校和社区环境中出现挑战性行为的人群提供支持。本章简要概述了 PBS 的背景和基本原理，并介绍了它的主要特征、基本假设和实施过程。如需了解更多有关 PBS 的信息，请参看书末的"参考文献"中的"积极行为支持"部分。

定义

自 20 世纪 80 年代中期以来，PBS 不断发展。它以应用行为分析（Applied Behavior Analysis, ABA）的原理为基础，同时融合了生态心理学、社区心理学等其他领域的核心理念。如今，PBS 已超越对基本行为原理（比如，行为矫正）的早期应用，它更强调以下几个方面。

- 主动面对问题，而不是被动反应（比如，预防问题出现，而不是简单地依赖行为后果）。
- 根据个人的需求和行为发生的具体环境设计个性化的方法。
- 尊重个人自主选择和参与融合活动的权利。
- 干预计划在日常的家庭、学校和社区环境中皆可发挥作用。

PBS 最初是为有残障和严重行为问题的儿童和成年人设计的，作为当时常用于管理行为的残忍且有损尊严的方法的替代方案。过去，PBS 主要被应用在高度结构化的学校和社区项目中，对行为问题严重的个案很有效。现在，它被应用在各种各样的场景中，面对更加多样化的人群，应对不同类型的行为挑战问题。20世纪90年代末，人们开始广泛认同PBS是一种适用于所有儿童的方法，如今，更把它视为有效教育的基石。

虽然PBS已经被成功地应用在学校和社区项目中，但关于家长在普通的家庭或社区环境中实施PBS的研究却寥寥无几。然而，从常识的角度来看，PBS也许可以为家庭以及参与照顾和养育孩子的人带来最大的益处。PBS对家庭来说是有意义的，因为它建立在已被证实有效的基本原理的基础上，而且这些原理可以被应用在任何情境中、任何人际互动中或家庭生活的任何方面。

养育孩子是一项艰难的、耗费精力的工作。相对于我们的职业而言，养育孩子才是真正意义上的全职工作。我们每周7天，每天24小时，都在岗位上，终生如此。我们不是偶尔参与家庭和社区的运作，它们早已成为我们的一部分。我们的处世之道会代代相传，我们对待孩子的行为的方式不仅会影响我们的孩子，还会影响他们的后代。如果我们希望孩子成为快乐和有所作为的人（但愿如此），我们就需要以有效的方式处理孩子的行为，促使他们获得幸福、健康成长、不断进步。

PBS是一个框架，也是一套前后一致的原则，用于指导我们处理问题，并从众多构建家庭和应对行为的方式中做出选择。它是个性化的、以解决问题为宗旨的方法。它提供的不是一套标准的程序，而是一个灵活解决家庭的独特问题的过程。它会考虑我们的优先事项和具体情况，指导我们为家庭做出明智的决策。接下来，我们会介绍如何在家庭和日常生活中使用PBS，包括它的基本假设和主要特征。

行为的背景信息

我们应该把PBS看作一个理解行为、构建我们的家庭和互动模式以及解决行为挑战的框架和过程。PBS基于这样一个假设：如果我们能够明确孩子的行为的目的，以及该目的如何为他们所用，那么我们就能更好地处理他们的行为。请看下面的场景。

莉萨：了解行为发生的原因

9岁的莉萨在一次社区聚会上走到一群大人中间，随即开始转圈，并发出呼呼声，最后踩到了别人的脚，还撞了人。她的父母被吓坏了。她为什么要这么做？她的父母该怎么应对？

如果后来，莉萨的父母和她以及当天跟她一起玩的朋友交流，确定她还在为那天早些时候在航展上乘坐直升机而兴奋不已，此外，她还因为前一天晚上在朋友家过夜而睡眠不足，而且吃了许多糖，那该怎么办？或者，如果她的父母意识到转圈和发出呼呼声是她和她哥哥一起玩的游戏，而且她习惯于在玩游戏时得到正面的反馈（笑声而非怒视），那又该怎么办？

了解这些情况可能有助于莉萨的父母更有效地处理她的行为。例如，他们可能会注意避免把参观航展和参加社区聚会安排在同一天，或者在两项活动之间留出一些时间让莉萨好好休息和平复心情。他们可能还会计划让莉萨了解：她和她哥哥玩的游戏在某些情境中可能是不被接受的，并教她用更好的方法吸引大人的注意力。

当我们了解了挑战性行为发生的原因（即其目的）和/或为行为埋下导火索的情境时，我们就能制订有效的解决方案。PBS 包括协同努力以了解行为和影响行为的环境因素，并找到更有效的方法来预防、训练和应对行为。这种解决方案体现了对孩子的需求的尊重，并鼓励孩子对自己的行为更加负责。

PBS 的过程会引导我们做决定，帮助我们选择最积极、最有效的方法来满足孩子的特定需求。PBS 并不是为常见问题提供潜在解决方案的"食谱"，它提供的是一个创造性解决问题的过程，适用于父母面临的许多情况。换句话说，它为我们提供了一张路线图，能指引我们在应对行为挑战时从各式各样的选项中做出选择。套用一句中国谚语，PBS 授人以渔，而非授人以鱼。

关于行为的假设

关于行为的一些基本假设为 PBS 和本书所讲述的方法提供了理论基础。

这些观点适用于所有人和所有行为,特别是,它们能帮助我们了解自己的孩子和家庭。在 PBS 中,我们假设行为:(1)与发生的环境有关;(2)有目的;(3)受身体和/或情绪状态的影响;(4)受更广泛的生活问题的影响;(5)会随着孩子的成熟和新技能的发展而改变。

第一,行为与发生的环境有关。在不同的场所和情境中(如图书馆与聚会),人们的行为表现往往不同。某些环境会让人们表现出最佳状态,而其他环境则可能会让人们不愿合作、易怒或不愉快。例如,当孩子完全理解我们对他们的期待,并且在他们所处的环境中感到舒适时,他们通常会表现得更好。反之,当有的孩子分心或面对不切实际的要求时,就会表现得很糟糕。

第二,所有的行为都有目的(即让人们得到自己想要的东西或回避自己不想要的东西)。行为可以让人们满足自己的需求,要么告诉他人自己想要什么,要么依靠自己改变令人不快的环境。人们可以利用自己的行为吸引他人的注意力,要求得到自己需要的东西,或者表达对某种情况的不满。例如,孩子可能会为了博取关注而与人争吵,或者为了逃避做家务而拖延。只有当行为给自己带来好处时,人们才会继续以某种方式行事。

第三,行为受身体和/或情绪状态的影响。在生病、疲惫、不安、饥饿或有其他不适的时候,人们的行为会变得反常。例如,当季节性过敏发作或压力过大时,人们可能更容易发脾气。为了让人们表现出最佳状态,必须考虑并应对其在医疗、情绪和个人层面的需求。

第四,行为受更广泛的生活问题的影响。即使不是发生在此时此地的事情(比如,早些时候与朋友的争吵、过于紧凑的日程安排、对生活条件的不满),也会影响人们应对日常事件的能力。因此,有时人们需要通过改善生活(改变生活环境或人际关系)来改变自己的行为。

第五,行为会随着孩子的成熟和新技能的发展而改变。婴儿哭闹是为了表达自己的需求。当孩子学会说话时,他们就开始用语言表达需求(比如,他们开始向人要玩具,而不是直接伸手抓它)。孩子和成年人越能更好地表达自己的需求、更妥当地处理各种情况、更独立地生活,就越不需要依赖不恰当的手段来满足自己的需求。掌握更恰当的新策略来应对困境是推动行为改变的最佳途径。

我们无法控制彼此的行为，只能改变自己构建生活和环境的方式，改变自己回应他人的方式。所有这些假设都在理解和有效应对孩子的行为方面发挥着作用，因此，我们需要一个完整的框架来指导我们的行动——这正是 PBS 可以提供的。

积极行为支持的特征

PBS 的过程可以让我们更好地了解孩子的行为，从而做出最好的选择来解决问题。基于上述假设，PBS 具有以下特征：(1) 了解行为模式；(2) 积极主动，预防问题出现；(3) 教授新技能；(4) 有效应对行为；(5) 全面改善生活；(6) 同参与孩子和家庭的日常生活的每个人通力合作。

了解模式

PBS 要求我们客观地看待孩子的行为、有可能引发行为的环境（比如，触发行为的情境），以及行为给孩子带来的结果（比如，他们因为这个行为获得了什么或回避了什么）。下面这种情况可以说明此方法的重要性：假设你的腿肿了，很不舒服，你决定去看医生。医生看都没看，就准备给你的腿打石膏，并要求你静养 6 周。你会相信这位医生的建议吗？这种情况太奇怪了。医生应该仔细检查病人的身体，并询问病人一些问题，在彻底了解症结之后再制订治疗方案。

PBS 就像良好的诊断与治疗。它不是简单地基于症状、问题的性质或直觉做决定，而是基于理解。要获得这种理解，就需要密切关注人与人之间的互动，与经验丰富的人交谈，并记录了解到的内容。PBS 像侦探一样，通过这种方式寻找蛛丝马迹，力求更好地理解孩子的行为，特别是孩子在何时、何地、和谁一起以及为何做出某些行为。例如，舍恩可能会发现他的孩子们在放学回家后异常活跃（比如，到处跑、乱扔东西、相互争吵或捉弄对方），而且对他提出的要求没有任何反应，看上去又饿又累。舍恩的反应是迅速给孩子们拿零食，如果情况严重失控，就让他们回房间。通过这样的应对，舍恩满足了孩子们的需求（食物和/或休息）。这种理解为干预提供了基础，使舍恩能够调整与行为有关的特定环境和结果，从而改善孩子们的行为。

积极主动，防患未萌

了解了影响孩子的行为的模式，就有可能改变那些为挑战性行为埋下导火索的特定情境，从而减少挑战性行为的发生。PBS 需要我们改变一些东西，从根本上避免问题的发生，改善糟糕的局面，或者添加鼓励良好行为的提示物。例如，基于上一部分描述的模式，舍恩可以建立一些新的常规，比如，在放学回家的路上跟孩子们重申对他们的行为期望，准备好零食，以及/或者让孩子们到家后听一会儿音乐或看一会儿电视，放松一下。这类微小的改变可以规避很多麻烦，并促进成年人与孩子以及孩子们之间更积极的互动。

教授新技能

在条件允许的情况下预防问题的出现总是有意义的，但预防并不总是可行的或合适的。PBS 涉及帮助孩子掌握更好的方法来处理问题，并获得自己需要或想要的东西。这可能包括教孩子表达需求的技能、与他人互动的技能、管理时间的技能、应对压力或不愉快的技能、变得更自立的技能，具体取决于当时的情境。例如，舍恩可以教孩子们用新的行为替代放学回家后的躁动不安，鼓励他们自己准备零食或使用放松技巧（如闭上眼睛、伸展四肢、散步、写日记），使自己从忙碌的一天中恢复过来。

有效应对

除了改变环境以防患未萌和教授孩子更好的行为方式以外，PBS 还涉及改变我们对行为的反应，以免在无意中使问题恶化。我们的目标是，当孩子做出积极行为时，提供奖励作为后果；当孩子行为失当时，不给予他们希望得到的结果（如回应、后果）。在 PBS 中，提供后果的目的是教授积极行为，而不是简单地制止或惩罚挑战性行为。因此，诸如罚时出局（time-out）、限制（restriction）或斥责（reprimands）等后果，只在必要时谨慎使用（有关惩罚的讨论，参看第5章）。例如，舍恩可以让孩子们在开始做家庭作业之前选择吃零食或自由活动，前提是，他们必须心平气和地走进家门，并且友好相处。如果舍恩坚持这样做，那么对孩子们来说，积极行为的回报将大于消极行为的回报。

改变生活

虽然PBS确实为选择具体策略以应对挑战性行为提供了一个框架，但其重点和主要目标并不局限于此。它最关注的是帮助孩子和家庭过上更积极、更充实的生活。经由这一过程，家庭应该能够做更多的事情、去更多的地方，并获得更好的整体体验。为了产生这种有意义的影响，人们可能需要在更广泛的领域做出改变，如人与人之间的关系、日程安排与惯例，或者家庭环境与家庭规则。例如，为了减少下午出现的问题，舍恩可以减少孩子们的课外活动，更严格地要求他们按时就寝，关注他们的饮食习惯，或者改变自己在下午与他们互动的方式，以改善他们的行为。

共同努力

所有参与孩子和家庭的日常生活的人必须齐心协力，这样才能使PBS取得成效。这包括父母、老师、保姆、亲戚、兄弟姐妹、朋友和其他任何可能会对孩子的行为产生影响的人。要协作，就需要大家坦诚交流，明确共同的目标和各自的责任，并制订合理的计划，以应对可能出现的任何问题。协作对于了解孩子的行为、制订策略并确保策略奏效至关重要。如果没有协作，人们可能会在不经意间破坏彼此的关系，干扰积极改变的发生。例如，舍恩可能需要与他的妻子和孩子们的老师密切沟通，以成功实施他的策略。

积极行为支持的过程

PBS为帮助我们理解挑战性行为发生的原因和找到有效应对的方法提供

了一个富有创造性的解决问题的过程。PBS 的过程包含五个步骤或组成部分，着重于处理孩子的挑战性行为和改善家庭成员间的互动。

1. **设定目标**：确定为孩子提供更优质的生活的宽泛目标，然后界定问题，包括确定孩子的哪些具体行为值得关注以及我们希望行为发生怎样的特定改变。

2. **收集信息**：观察孩子的行为，跟其他人（老师、其他家庭成员）交谈，了解孩子为什么这样做。

3. **分析模式**：确定哪些因素影响了孩子的行为，孩子通过这样的行为获得或回避了什么。

4. **制订计划**：制订预防问题出现的策略，教授孩子更好的行为方式，并在每次挑战性行为发生时做出一致的回应。

5. **监控进展**：定期评估进展情况，确保策略有效，并按需做出调整。

下面的故事展现了这个过程。

马西娅和杰里米：PBS 的完整过程

马西娅把去商店购物的事一拖再拖。家里已没有牛奶、面包、麦片，也没有做当天的晚餐所需的食材。她一想起最近几次购物的经历，恐惧感就涌上心头。家中没人可以帮忙照看她的孩子——杰里米，所以她只能带杰里米一起去。上次的情景令她特别难堪，她才买了大约一半的东西，就泪流满面地拽着杰里米离开了商店。她想：要是我能在不那么令人抓狂的情况下购物该多好啊。

杰里米 4 岁了，是家中三个孩子里最小的一个。他在婴儿时期就令人难以招架——焦虑、高需求、极其好动，这种模式一直延续到了他的童年时期。他还很有创造力，而且格外独立。他喜欢自己有价值的感觉，并会为自己出色完成任务而感到自豪。他有两个姐姐（分别为 7 岁和 10 岁），作为家中的幼子，他惯于成为大人关注的焦点，总是为所欲为。只要限制了他的活动、探索欲和控制力，就有可能引发问题。

这次，马西娅抱着侥幸心理，带着杰里米一起去购物。当他们走到 3 号通道的一半时，出事了——"妈妈，我要……"杰里米的声音越来越大，越来越尖锐。他在几分钟内就把货架上的物品都扔到了地上。当马西娅试图制止他时，他跑开了，并一遍又一遍地大喊："走开！"人们从旁边经过，看着他们，仿佛在说："啧啧啧……拜托你管好你的孩子。"

马西娅该怎么办？当这一切发生的时候，她只能尽力应付，买到必需的物品后尽快离开商店。但这并不能解决问题，她总归要再次走进这家商店。她需要制订一项计划来应对未来每一次的购物。这就是PBS的用武之地。

设定目标是PBS的第一步。马西娅（以及杰里米、其他家庭成员和商店里的顾客等）到底希望在商店里发生什么？一次顺利的购物之旅（或者去其他任何公共场所）是什么样的？杰里米的哪些行为值得重视？在考虑这些问题时，马西娅意识到她的目标并不高。她只希望能够去商店买到所需要的物品，然后平平安安地回家。如果她和杰里米还能在外出时享受彼此的陪伴，那就更好了。在马西娅的想象中，一次成功的外出是这样的：杰里米安静地走在她的旁边或坐在购物车里，并把自己的手放好，而不是像以前经常做的那样——把物品从货架上拿下来，然后奔跑、叫喊或躺在地上。

通过设定这些目标，明确了马西娅和杰里米的需求和担忧，但是，马西娅如何才能让杰里米在商店里好好表现，使这些美好的愿望成为现实呢？这取决于杰里米的行为背后的原因。到底是什么引发了他的行为？通过做出糟糕的行为，他又得到了什么？为了寻找这些问题的答案，我们来到了PBS的第二步——收集信息。马西娅决定开始写日志，以便能更客观地看待自己在商店里的经历，并更好地理解杰里米的行为。她跟她的丈夫和婆婆讨论了她的忧虑，他们也曾带杰里米一起购物，有类似的经历。在把碗筷收拾好、哄孩子们上床睡觉后，马西娅利用难得的宁静时光反思自己的经历以及家人与她分享的东西。

在回忆的过程中，马西娅意识到类似的情形在过去的几个月里反复出现，而且越来越严重。她注意到，杰里米总是抱怨去商店，特别是当他因为要出门而不得不停止做有趣的事情（如玩玩具或看电视）时。马西娅认为杰里米做出这种行为的目的在于缩短购物的时间或结束购物之旅，以便能继续做他更喜欢的事情。马西娅通常会等到实在没有办法的时候才去购物。当她终于去商店的时候，需要买的物品很多，这让事情变得更糟糕。在过去的两个月里，他们唯一顺利的购物之旅其实就发生在只需要买几件物品的时候。马西娅目前对付杰里米的策略是抱持侥幸心理，到达商店之前绝口不提购物的事（从而推迟杰里米出现负面反应的时间），出问题的时候再随机应变。有时，杰里米要求买曲奇饼干或玩具之类的物品，马西娅为了"维护和平"会做出妥协。如果他的要求变得很过分或者他开始捣乱，马西娅就更有可能妥协。杰里米的奶奶说，也许是因为她会让杰里米帮忙，所以她带杰里米购物更顺利一些。

　　有了这些信息，我们就可以开始分析有可能影响杰里米的行为的模式，这就是PBS的第三步。杰里米在什么情况下（何时、何地、和谁在一起）表现得最好和最差？他的行为带来了什么后果（他获得或回避了什么）？马西娅在回顾收集到的信息时，脑海中浮现出了一个反复出现的模式：当购物时间较长（购买的物品多于20件）时，杰里米会索要物品、把物品从货架上拿下来、大喊大叫，偶尔还会奔跑或躺在地上。这样的行为通常会迫使马西娅提前结束购物，并/或满足杰里米的要求（比如，给他买一块曲奇饼干）。这让马西娅想到：如果缩短购物时间，杰里米清楚自己该做什么，并被允许帮大人购物，那么他可能会表现得更好。

　　基于这样的理解，马西娅可以开始为以后的购物之旅制订计划了，这也就是PBS的第四步。一项PBS计划包括三类策略：

　　1. 预防问题出现：改变购物的环境，使杰里米没有必要做出挑战性行为。

　　2. 替代行为：为杰里米示范如何表达自己的需求和/或应对困难局面，必要时提醒他注意恰当行事。

　　3. 管理后果：改变杰里米的行为的结果或后果（尤其是马西娅做的事、说的话），使他因为做出积极行为而非挑战性行为获得奖励。

　　马西娅针对杰里米在商店里的行为制订了以下计划。

- 现阶段，当需要购买的物品少于20件时，多带杰里米去购物（如每周两次）。

- 向杰里米解释为什么需要购物（如"为了买食物"）。在出发前和到达商店时，查看购物计划清单并回顾对杰里米的期望（如"今天我们需要买18件物品，包括汉堡、麦片、果汁棒等。我需要你帮忙找到它们。在商店里，你要走在我旁边或者坐在购物车里，说话要小点儿声哟"）。

- 让杰里米帮忙把需要的物品从货架上拿下来，放到购物车里。给他看商品标签或图片，方便他挑选需要的物品。如果他帮忙了，就表扬他（如"你找到了一盒梨子！谢谢你的帮助！"）。杰里米喜欢有人给他布置任务，尤其是那些能让他活跃起来、他认为只有"大孩子"或"成年人"才能做的事。充分利用杰里米的喜好和优势，为他提供展示自己的机会，使他获得成就感并为自己的行为感到自豪。

- 鼓励杰里米在感到无聊或烦躁的时候以更恰当的方式表达自己的感受（如"我们还要多久才能买完东西啊？"或"我累了"）。积极地回应杰里米的表达，向他解释还需要买什么物品或帮他寻找一种自娱自乐的方法。

- 允许杰里米在结账之前挑选一件特别的物品或好吃的零食（如气球、曲奇饼干）。如果他只从货架上拿需要的物品，轻声说话，并且好好走路，就把这件物品给他。另外，允许杰里米选择一项特别的活动（如玩他最喜欢的游戏、玩电脑），购物结束后回家开展。在进入商店前就跟杰里米说清楚这些奖励，并在必要时提醒他。

- 如果杰里米提高了嗓门或者远离了购物车，那么提醒他要想获得奖励需要做什么（如"如果你想得到曲奇饼干，就要安静地走在我旁边"）。倘若他没有回应，就握住他的手，如有必要，把他放进购物车里。平静地向他解释：这次得不到奖励，但下次可以继续努力。

- 继续表扬良好的行为。让杰里米知道，如果他们能完成购物，买到所有需要的物品，到家后他依然可以享受特别的活动（如玩最喜欢的游戏或吃好吃的食物）。反之，如果杰里米反复地大叫或跑开，就暂时离开商店，稍后再回去。

马西娅与她的丈夫、其他孩子和婆婆讨论了这些策略。丈夫和婆婆同意遵循这些策略，当处在类似的情境中时，会通过鼓励杰里米的积极行为来支持他。其他孩子也明白她们可以通过帮杰里米找到商品标签并表扬他的良好行为来支持策略的执行。马西娅马上开始使用这些策略，并始终如一地执行。一开始，马西娅觉得这些策略在大多数情况下是可行的，但后来她意识到不能总是那么频繁地购物，不能花那么多时间购物，也不能总是把购买物品的数量限制在20件以下。所以，她觉得有必要偶尔找其他人帮忙照看杰里米，让她可以自己去购物。

马西娅为自己想出了这些办法而兴奋不已，迫切地希望它们发挥作用。她花了不少时间和杰里米一起回顾整个计划，练习对照图片从食品柜里拿取物品，并确保他能理解人们对他的期望。她决定继续通过写日志来监控计划执行进展情况，这就是PBS的最后一步。她在日志里记录他们何时去商店、买了多少件物品、杰里米是否帮忙购物、有无任何值得关注的行为，以及能否完成购物之旅并买到清单上列出的所有物品。马西娅可以利用这些信息客观地评估计划的执行情况，并有效地处理新出现的问题。随着时间的推移，杰里米的进步越来越大，马西娅可以增加每次购买的物品数量并减少购物的频率了。她现在觉得跟杰里米一起购物是舒心自在的，而且打算把从这次经历中学到的东西运用到其他环境中（如其他类型的商店、餐厅、游乐园）。

小结：什么是积极行为支持？

本章讨论了PBS的背景和特征：了解模式、预防问题出现、教授新技能、有效应对、全面改善生活以及与他人协作。杰里米的故事诠释了这些主要特征。

继续阅读之前

- 你了解杰里米的计划所体现的PBS的基本特征吗？

第二部分　积极行为支持的过程

解决问题之道

本书第一部分介绍了 PBS 是什么，以及为什么我们在养育孩子和与孩子互动时选择使用它。读完第一部分，你应该很清楚，PBS 并不是一种程序或一套标准流程，而是一个个性化的解决问题的过程，其中的某些基本原则（即了解行为，改变生活，共同努力，使用包括预防、教学和管理的多元素计划）适用于任何情境。第二部分介绍这一问题解决过程的重要步骤，帮助你更好地理解行为和制订有效的行为应对计划。第 3 章、第 4 章、第 5 章和第 6 章会详细介绍这一过程的每个步骤。

1. 设定目标
2. 收集信息
3. 分析模式
4. 制订计划
5. 监控进展

针对每个步骤，都有详细的案例讲解。为了说明整个过程，我们以三个孩子——迪恩、詹姆斯和布里塔妮为例。这些案例是我们根据经验总结出来的，旨在展示如何面对不同的孩子、针对不同的行为和在不同的情况下使用 PBS。图 II.1 提供了这三个孩子的背景信息。在以下各章中，我们用类似的图表展示如何在这三个孩子的案例中实施各个步骤。

背景信息		
迪恩	詹姆斯	布里塔妮
迪恩，18个月大。他是家里三个男孩中最小的一个。迪恩的母亲阿德里安娜留在家里照顾孩子，他的父亲达雷尔晚上回家。迪恩聪明伶俐，精力充沛。他喜欢看书，喜欢被人紧紧地抱在怀里。迪恩的家人对他的哭闹行为很担心。每当阿德里安娜要做点儿事情时，迪恩就会哼哼唧唧，牢牢地缠住她。这让她觉得自己什么也做不了。	詹姆斯，9岁。他与他的母亲劳拉、姨母丽塔和表妹朱莉住在一起。劳拉和丽塔都要外出工作，但她们尽量灵活安排时间，共同抚养孩子们。詹姆斯积极参加体育活动（主要是空手道），空闲时喜欢在家附近闲逛。自从几年前丽塔和朱莉搬进来，詹姆斯和朱莉之间就一直有矛盾。詹姆斯会对朱莉大喊大叫，拒绝与她分享自己的东西，捉弄她，辱骂她，有时甚至会打她、掐她或者向她扔东西。最近，朱莉和丽塔报告称，詹姆斯在社区里和空手道课上多次与别的孩子发生肢体冲突。她们还注意到，来家里玩的孩子越来越少了。	布里塔妮，14岁。她和她的父亲纳坦一起生活。纳坦从事销售工作，工作时间不固定。纳坦不在家时，外婆玛格丽特会帮忙照顾布里塔妮。布里塔妮在上高中，并参加了一个课外班。她喜欢了解和跟他人讨论关于外太空的事。 布里塔妮有发展性障碍（孤独症谱系障碍），这影响了她对社交情境的理解和应对方式。虽然她在大多数学科上表现良好，但她不喜欢体力活动（如家务），而且只和他人谈论自己感兴趣的事（如外太空）。 当布里塔妮被迫做自己不喜欢的事或谈论其他话题时，就会反复说同一件事或大声哼哼，这引起了他人对她的负面关注，并导致她与同龄人格格不入。

图 II.1　三个个案的背景信息

第 3 章　设定目标

PBS 的第一步是明确我们为孩子、家庭和生活设定的目标。我们需要问自己以下问题：

- "我们为孩子和家庭设想了哪些变化？"
- "什么样的结果让我们觉得自己成功了？"
- "发生什么事情会让我们觉得有问题？"

> **可下载资源**
>
> 在阅读本章和开展相关活动时，本书的工作手册中的以下资源可能会对你有帮助。
> - 开始：目标和行为
> - 行为计数
> - 行为计时
> - 行为评级
> - 行为频率图表
>
> 第 3 章的这些资源均可下载。

本章撰写的目的是帮助我们回答这些问题，澄清我们想要实现的目标，然后开启下一步的工作——了解并解决孩子的行为问题。

设定更宽泛的目标

我们不仅要明确所关注的行为，还要思考我们希望通过努力实现哪些更宽泛的目标。如果有人问我们的目标是什么，我们一开始可能会说：

- "让他别再打他妹妹，也别再捉弄他妹妹了！"
- "当我让她做事的时候，让她别冲我大喊大叫。"

- "当我跟别人讲话的时候，让他别围着我转。"

为什么解决孩子的行为问题对我们来说如此重要？我们最终希望孩子的生活发生哪些变化？我们为孩子设定的更宽泛的目标是什么？改变行为何以帮助他们实现这些目标？PBS鼓励我们在制止挑战性行为之外，设定一些更宽泛的目标，以提高孩子和家庭的整体生活质量。这类目标可能与下列内容有关。

- 改善孩子的整体健康状况或情绪状态（如提高幸福感）。
- 让孩子有机会去更多的地方或做更多的事情（如独自参加生日聚会、在朋友家过夜）。
- 给予孩子更多自主选择的机会（如选择自己的课程、准备自己的零食）。
- 增进孩子与同伴的友谊，拓展孩子的人际关系（如提高与同伴沟通和互动的能力）。
- 改善家庭日常生活（如能够在不受任何行为干扰的情况下前往公共场所）。

每个经常与我们的孩子打交道的人都应该参与这类目标的设定。如果父母、其他家庭成员、教师和教练能合作，就能更好地确定孩子的需求和重要目标，并促进大家共同承担责任和做出承诺，支持孩子取得成功。使用一种名为**以人为本的规划**的程序是设定目标的最佳方法之一，对有特殊需要（如医疗问题、需要得到各种治疗和支持的重度残障）的儿童，或者所在家庭或学校的环境复杂（如寄养、共同监护、在多种环境中接受教育服务）的儿童而言，尤其如此。在这一过程中，孩子和参与其生活的所有人聚在一起，在一张大纸上，用彩笔描绘出孩子的优势、需求、现状、目标以及实现这些目标的步骤。以人为本的规划让孩子、家人、朋友和支持性服务的提供者能够直接参与这一过程，因此往往有助于建立共同的愿景并做出与目标有关的承诺（关于以人为本的规划的资料，请参看书末的"参考文献"中的"育儿资源"部分）。

一起明确目标，可以使参与孩子的生活的人团结一心，为孩子的未来创造积极的愿景，为我们带来希望和方向感。其结果是，我们会更加乐观，更有动力做出必要的改变，让我们自己和孩子的生活在短期和长远的未来都得到改善。图 3.1 提供了关于这三个个案的宽泛目标。

宽泛的目标		
迪恩	詹姆斯	布里塔妮
迪恩能自己玩10分钟（当阿德里安娜做晚餐、打电话或者做其他事的时候）。 阿德里安娜每天都能做一些自己想做的事（比如，与朋友聊天、洗澡）。	詹姆斯可以在没有大人看管的情况下与朱莉或附近的孩子玩耍。 詹姆斯与朱莉和其他同伴的关系得到改善（比如，同伴愿意到詹姆斯家玩，詹姆斯能够与朱莉一起玩耍而不惹她哭）。 詹姆斯将继续学习空手道并参加其他体育活动。	布里塔妮每晚都能与她的父亲共进晚餐，并完成一些基本的家务。 布里塔妮将在康体中心和社区参加更多课外活动（五个上学日中的四天）。 布里塔妮每天都能与他人谈论外太空以外的话题。

图 3.1　三个个案的宽泛目标

■**活动**■　设定目标

列出你希望能够实现的几个最重要的宽泛目标。从孩子作为独立的个体和作为家庭成员这两个维度来考虑目标内容。

1. _____
   _____

2. _____
   _____

3. _____
   _____

定义值得关注的行为

定义我们认为具有挑战性的具体行为至关重要，它也是了解孩子的行为的第一步。通过定义行为，我们可以明确到底发生了什么，这能帮助我们确定我们想要改变什么。我们可能会问："为什么要定义行为？我一看就知道是什么了。"但是，定义行为可以带来很多好处。

- 客观地看待行为。这意味着能够在不带任何偏见或情绪的情况下观察和思考行为。
- 在理解和处理行为时确保前后一致。
- 促进与孩子互动的人们之间的交流。

应根据孩子具体说了什么或做了什么来定义其行为。对行为的描述必须足够具体，以便每个与孩子打交道的人都能在行为发生时立即识别出它。例如，虽然很多人会把某种行为称作"不尊重人"，但在他们眼中与这一标签相关的具体行为可能各不相同（比如，顶撞大人、无视权威、辱骂他人）。为了让标签在理解孩子的行为和妥善回应行为时发挥作用，我们需要更具体地定义我们关注的行为。总之，要明确地定义一个行为，就要做到以下几点。

- 描述这个行为看起来是怎样的（比如，孩子跺脚并走开）。
- 描述这个行为听起来是怎样的（比如，孩子发出响亮、尖锐的叫声）。
- 列举这个行为的典型例子（比如，孩子经常骂别人"傻子"）。
- 避免使用含糊的行为描述（比如，不要简单地说"这个孩子对大人没礼貌"，而要具体地说"这个孩子与父母、老师和教练争吵，并辱骂他们"）。

图 3.2 列出了三个个案值得关注的行为。

值得关注的行为		
迪恩	詹姆斯	布里塔妮
哭闹:发出尖叫声"啊"或反复提要求,如"抱,抱"。 黏人:抓住并抱住他人的腿或拉扯他们的衣服。	大喊大叫:高声说话。 欺负他人:辱骂他人,如"肥脸"或"爱哭鬼";威胁他人,如"我要把你的玩具丢进垃圾桶",或者从小孩子的手中抢走东西,并放到他们够不着的地方。 伤人毁物:对物品或他人拳打脚踢;掐他人的脖子。	回避:拒绝参加体育活动、与他人交谈或做家务,忽视该做的工作或者继续从事其他活动(比如,阅读教科书;痴迷于向他人讲述关于外太空的事,即使人们正在谈论其他事)。

图 3.2　三个个案值得关注的行为

■**活动**■　定义行为

你的孩子说了什么或做了什么让你担心的事情?请清楚地描述孩子的行为,必要时举例说明。

_____
_____
_____
_____

寻找起点

通常,我们会先确定孩子的行为当前发生的频率或持续时间,或者这些行为对日常生活造成的影响的严重程度,这对我们启动 PBS 过程很有帮助。对行为的频率和/或强度进行初步估计,能够为策略实施后进行比较提供一个明确的起点。然后,我们就能充满信心地说,孩子的行为有所改善,或者我们的计划取得了成效(比如,孩子拒绝服从要求的次数从每天大约 20 次减少到每天 3 次以下)。

在 PBS 过程启动之前，我们希望使用尽可能简单的方法收集与孩子的行为有关的信息，以便能有效地估计行为的频率、持续时间或严重程度。我们可以根据之前为孩子的行为下的定义来实施以下方案中的一种。

- **行为计数（即频率）**：每当某个行为出现时就记录下来（比如，统计孩子每天听从指令的次数，或者捉弄同伴或兄弟姐妹的次数）。我们也可以收集某一特定时期内的数据，并将其绘制成图表（比如，一周内的每日频率）。
- **行为计时（即持续时间）**：记录某个行为发生的持续时间（比如，记录孩子哭闹的时长或做一项家务花费的时间）。
- **评定行为的严重性或水平（即等级大小）**：采用等级评定（比如，1 和 3 之间的数字）。例如，我们可以估计孩子听从指令的频率（比如，总是、经常、偶尔、从不）或他们喊叫的音量（比如，2：在房子外能听到；1：在房子里能听到；0：只能在同一房间内听到）。

如果觉得持续使用这些方法很困难、很别扭（比如，对家庭生活造成了干扰），或者太费时，但仍希望获得孩子的行为的基线数据，那么我们可以只在每天的特定时间段里做记录（即抽样调查）。例如，我们可能只关注餐桌上发生的事情，对用餐情况进行评估（其他例子，参看图 3.3）。

■**活动**■　追踪行为

设计一种简单的方法来确定孩子做出问题行为的频率或问题行为的时长。根据具体情况选择使用计数、计时或评级法。

_____

_____

_____

_____

追踪行为的方法		
迪恩	詹姆斯	布里塔妮
阿德里安娜决定集中精力做晚餐,并估计迪恩花在哭闹上的时间百分比。一般情况下,迪恩哭闹的时间很长,几乎占了她做晚餐时间的一半,而且几乎全程都缠着她。	劳拉和丽塔把詹姆斯每次伤害或试图伤害朱莉的行为都记录了下来。记录中还包括空手道教练、邻居的孩子及其父母的所有报告。她们发现,詹姆斯大喊大叫和取笑他人的行为每天发生五到六次,伤害他人的行为每天发生两次左右。	父亲纳坦、学校老师和康体中心主管写下了布里塔妮的日程安排,供她参考。布里塔妮则负责记录自己实际参加了哪些活动、与谁交谈以及谈话的主题。布里塔妮在学校参与了五分之一的非学术类活动,在康体中心参与了五分之二的活动,在家里参与了大约一半的必要活动。她每天与两个人交谈,谈话的主题几乎都与外太空有关。

图 3.3 追踪三个个案的行为的方法

小结:我们的目标是什么?

行为,是一个人所说的或所做的任何事情。如果我们能够清晰、客观地描述孩子的行为,我们就能弄清楚到底发生了什么,并集中精力解决问题。如果我们清楚地知道了问题所在,我们就可以开始考虑为孩子设定目标。这应该包括短期目标(如"停止打人"),也应该包括更宽泛的、能改善孩子(和我们的家庭)的生活的长期目标。

▶ 策略实战

欲了解更多有关追踪行为的信息,观看这种策略的实际操作,请点击链接,观看视频 "Practiced Routines-1, Watching and Recording": https://www.youtube.com/watch?v=2SjncNcW43A&list=PLLi08Aejqezrdyq4rTcBUmI63EzBKPNkx。

本视频是 Practiced Routines 积极行为支持培训视频系列的一部分，版权归 Trifoia 所有。

继续阅读之前

- 你明确界定孩子的行为了吗？
- 你考虑过你希望实现的更宽泛的目标吗？
- 你考虑过如何追踪孩子的行为吗（如计数、计时、评级）？

别忘了，你可以下载关于这些任务的空白表格。如需更多帮助，请观看本章提到的 Practiced Routines 积极行为支持培训视频。

第 4 章　收集和分析信息

至此，我们为未来描绘了愿景，确定了想要实现的目标，包括确认我们会重点关注的具体的挑战性行为，并为孩子确定了更宽泛的目标。下一步是收集信息，更好地了解孩子的行为的影响因素及周围环境。收集信息这一步非常重要，对行为的全面了解能够为制订最适合我们的孩子、家庭和生活的解决方案奠定基础。如果我们能够厘清孩子正在做什么以及为什么这样做，那么就更有可能找到行之有效的解决方案。

收集信息的目的是使我们找出孩子的行为的影响因素，但这并不意味着要通过花哨的图表、记录板、录音或录像来收集

> **可下载资源**
>
> 在阅读本章和开展相关活动时，本书的工作手册中的以下资源可能会对你有帮助。
> - 访谈问题
> - 行为计数
> - 行为计时
> - 行为评级
> - 行为频率图表
> - 行为日志
> - 模式分析
>
> 第 4 章的这些资源均可下载。

复杂的数据。信息收集本质上包括观察挑战性行为出现时的情况，以及注意该行为没有出现时的情况。我们需要关注两个主要方面。

1. 行为之前发生了什么？
2. 行为之后会发生什么？

为了了解在孩子做出某个行为之前发生了什么，我们要考虑"4W"[①]问

[①] 编注："4W"指的是 4 个英文单词的首字母，即 Who（谁）、What（什么）、Where（哪里）、When（什么时候）。

题。重点关注挑战性行为发生之前那一刻的情况或似乎会触发行为的情况。

1. 行为发生时，谁在身边（比如，兄弟姐妹、朋友、老师、父母、宠物、邻居）？

2. 行为发生时，对孩子提出了什么要求、期望，或通常孩子在进行什么活动（比如，跟朋友玩耍、做家务、做作业）？

3. 行为发生在哪里（比如，家中、公共场所）？

4. 行为发生在什么时候（比如，早餐前、课外活动期间、晚上、朋友离开后）？

有时，挑战性行为与很久以前发生的事件或很久以前就存在的情况有关，它们为孩子的良好行为或不良行为埋下了伏笔。身体状况（比如，饥饿、口渴、疾病、药物作用、疲倦）和重大事件（比如，打破常规、与朋友或家人争吵、对日常活动普遍不满）等可能会对孩子的整体表现产生影响，使其对发生在自己身上的事情做出更强烈的反应。

还有一个重要的信息，即在挑战性行为发生后，孩子会遭遇什么，也就是后果是什么。人们在谈论后果时，通常指的是惩罚，如罚时出局（time-out）或取消特权。我们取其广义，本书中的**后果**指的是在行为之后发生的一切，即一切成果、反应或结果。这个定义将父母、同伴和其他成年人有意或无意间的反应纳入进来。行为之后发生的事情非常重要，因为它可以帮助我们了解做出某个行为所要实现的目标（即孩子利用该行为获得了什么或回避了什么）。例如，一些行为可能被用来获得关注，一些行为可能被用来获得玩具、开展活动或得到其他想要的东西，还有一些行为可能被用来逃避做不喜欢的事情，如洗澡或退出游戏去做作业。

如何收集信息

我们需要做一些"侦探"工作：收集信息，寻找线索，全面、清楚地了解孩子的行为状况。在这个过程中，我们要学会从他人那里搜集信息，找出一天里在不同地点和不同情境中发生的事情。科学家和接受过专门训练的教育工作者一般会采用复杂的方法收集信息（或数据），然而，我们只是为了更好地了解孩子的行为，并不一定要走标准路径。我们可以使用一些简便的信息收集方法，如以下三种通用方法：观察、交谈和记录。本书的工作手册中有适用于不同情况的空白信息收集工具，读者可下载后打印/复印使用。

观察

显而易见，对我们来说，观察是了解孩子的挑战性行为的最佳方法。观察的诀窍在于保持客观，而不是让先入为主的观念影响我们的看法。我们需要留意并记录孩子在各种相关情境中和相关地点发生的行为。这意味着在孩子举止不当和举止得体的时候，我们都要保持关注，同时还要考虑这些事发生在一天当中的什么时间、当时有谁在场、孩子的周围发生了什么，以及孩子在哪里。写下观察时注意到的一些情况可能有助于保持客观（更多细节，参看本章后面的"记录"部分）。

■**活动**■　观察

想一想，你的孩子在哪些情境中表现良好，在哪些情境中会做出挑战性行为。观察孩子，记录下你看到和听到的一切，并在观察时牢记"4W"问题。

1. _____
   _____

2. _____
   _____

交谈

与他人交谈是收集行为信息最简单的方法之一。与他人谈论关心的问题，听取他人的意见，可以让我们更好地了解自己的观点，并开拓新的思路。很显然，最重要的交流对象就是我们的孩子。只要我们花时间认真倾听，即使是年幼的孩子，也能针对自己的行为提出重要的见解，尽管他们通常无法完全理解或清楚地表达他们对自身行为的感受。我们还可以与家人、孩子的朋友以及其他熟悉孩子的人（比如，老师、保姆）交谈。

我们可以在这些讨论中探索孩子的行为模式，并考虑"4W"问题以及其他可能会对孩子的行为产生影响的因素，包括我们知道的在遥远的过去发生的事件或情况。这些讨论还可以帮助我们回忆起行为发生后立即出现的事件或后果。不妨把这些讨论的成果写下来——有时，把想法写在纸上会帮助我们更容易地发现行为模式。本书的工作手册中有访谈问题，读者可在下载后重复使用。

■**活动**■　　访谈

与你的孩子和/或熟悉孩子的人交谈。向这个人提出以下与挑战性行为有关的问题，你也可以提出更多的问题，直到你完全理解了他的观点为止。

_____的最大优势和最感兴趣的是什么？（比如，_____擅长做什么，喜欢做什么？）

_____

_____

_____做的什么事情最让你担忧？

_____

_____

这些行为在什么情况下（何时、何地、和谁在一起）发生得最多？

_____

_____

这些行为在什么情况下（何时、何地、和谁在一起）发生得最少？

_____

_____

你认为_____通过这些行为可以获得什么或回避什么？

_____

_____

你认为还有其他因素可能会影响_____的行为吗？

_____
_____

记录

如前所述，把观察的结果或与他人讨论的情况记录下来可以帮助我们追踪收集到的信息，还能帮助我们更客观地看待自己的发现，从而加深我们对孩子的行为的理解。我们既可以用简单的方法记录信息，如记录每天发生的事情，又可以用复杂的方法记录信息，如追踪行为的细节（比如，发生时间、频率、持续时间）。

如果找不到与我们一起讨论问题的人，那么写日记是收集信息的好方法。每当有机会仔细思考孩子的行为时（比如，每晚孩子上床睡觉后），我们就可以把自己记得的内容写下来。下面是一个记日记的例子，纳坦在他的日记中记录了布里塔妮的行为。

1月5日，周一，在结束了一天漫长的工作后，我接布里塔妮回家。课程主管告诉我，布里塔妮当天又拒绝参加任何活动。进了家门，她径直走进自己的房间，之后就一直待在里面。我叫她出来帮我摆桌子，准备吃饭，她说她得读完手头的书，拒绝从房间里出来。我又叫了她三次，并把她的书拿走了。然后，她躺在床上，开始大声哭喊、哼哼。最后，我自己摆好桌子，吃了起来。她每天想做的事情似乎越来越少。我希望她能交到朋友，好好生活。

其他的记录方式包括使用简单的核查表和更完整的行为日志。使用核查表时，我们需要列出所关注的行为，然后在每次行为发生时做记录。图4.1展示了劳拉和丽塔如何记录詹姆斯在开展某项活动（比如，做作业）的过程中每次取笑朱莉的行为。

```
做作业时，詹姆斯取笑朱莉的次数：
11.15    111
11.16    11111 111
11.17    1111
```

图 4.1　记录詹姆斯的行为发生频率的计数单

也许我们想用量表记录一个特定行为的特征，如一个挑战性行为的水平或强度。例如，劳拉和丽塔想记录詹姆斯的行为的攻击性，她们可以用下面的量表进行评分，0：口头威胁，无身体接触；1：轻微触碰；2：发出声音；3：留下痕迹。图 4.2 展示了记录詹姆斯的攻击行为强度的量表。

日期	事件 1	事件 2	事件 3	事件 4
3.29	0　1　2　③	0　1　②　3	0　1　2　3	0　1　2　3
4.1	0　1　②　3	0　1　②　3	0　①　2　3	0　1　2　3
4.2	0　1　②　3	0　1　2　③	0　1　2　③	0　1　②　3
4.3	0　1　②　3	0　①　2　3	0　1　②　3	0　1　2　3
4.4	⓪　1　2　3	0　①　2　3	0　①　2　3	0　1　2　3

图 4.2　记录詹姆斯的攻击行为强度的量表

也许我们还想知道行为持续了多长时间。图 4.3 展示了迪恩的父母对迪恩晚上睡觉的时间、早上起床的时间以及午睡时长的记录，通过做这些记录，他们能够确定迪恩睡多长时间才能得到充分的休息，从而确定睡眠对哭闹频率的影响。我们也可以通过记录孩子的行为，帮助自己精准地定位孩子的行为在一天中什么时候最有可能具有挑战性，什么时候最不可能具有挑战性。也就是说，这个系统能帮助我们简单地标记孩子的行为是否发生在某一特定时段。利用这些信息，我们就能缩小范围，确定什么时候应该更密切地关注孩子的行为及周围环境。图 4.4 显示了一天中迪恩哭闹的时间（灰色方块表示有哭闹行为）。由图可知，迪恩的父母需要关注他在早上、中午和晚餐前的情况，并尽可能地在这三个时段内收集更多的信息。在可下载的资源中，你可以找到记录行为时间的空白图表。

日期	睡觉时间	起床时间	午睡时长	备注
4.4	晚上 9:30	早上 4:15	2.5 小时	吃得很少。在准备晚餐的过程中，他有大约一半的时间在哭闹。
4.5	晚上 8:00	早上 6:45	2 小时	忙碌的一天，吃得很好。当他在吃晚餐前开始哭闹时，我们能够通过转移注意力的方式引导他做一些活动。
4.6	晚上 10:15	早上 6:00	3.5 小时	朋友来做客，逗留至晚上 9:30。在准备晚餐的整个过程中，他不停地哭闹。

图 4.3　记录迪恩的行为持续时间的图表

迪恩的哭闹行为							
时间	周日	周一	周二	周三	周四	周五	周六
上午 7:00 至上午 8:00	■	■				■	■
上午 8:00 至上午 9:00		■			■	■	
上午 9:00 至上午 10:00				■			
上午 10:00 至上午 11:00							
上午 11:00 至中午 12:00		■	■	■	■	■	
中午 12:00 至下午 1:00				■			
下午 1:00 至下午 2:00							
下午 2:00 至下午 3:00							
下午 3:00 至下午 4:00			■				
下午 4:00 至下午 5:00					■		
下午 5:00 至晚上 6:00	■	■		■			
晚上 6:00 至晚上 7:00				■			
晚上 7:00 至晚上 8:00							

**图 4.4　记录迪恩一天中最有可能和最不可能做出挑战性行为的时间的图表
（灰色方块表示有行为发生）**

我们需要捕捉更多的信息，不仅要知道行为是否发生，还要弄清楚行为发生前后的情况。这时，行为日志就特别有用，因为它能让我们轻松地识别行为模式，从而更好地了解行为。行为日志包括关于行为发生的时间和行为发生前后的情况的记录。图 4.5 是詹姆斯的一个行为日志的例子。你可以在可下载资源中找到行为日志的空白模板。

行为日志		
姓名：詹姆斯		时间：8月
情境：与朱莉及同伴互动		
之前发生了什么	他做了什么	之后发生了什么
8月15日下午3:05，在放学回家的路上，朱莉问了詹姆斯一些关于他正在玩的掌上游戏机的问题。	詹姆斯对朱莉吼道："滚开！我正在玩游戏呢！"	朱莉笑了笑。劳拉告诉他，如果他不停止叫喊，她就会把游戏机收走。
8月16日下午5:15，邻居家的孩子们在我们家门口的小巷里踢球，其中一个小男孩把球踢错了方向。	詹姆斯捡起球，扔向小男孩，击中了他的脸。	小男孩哭着离开，另外两个男孩跟在他后面，说詹姆斯是个混蛋。
8月18日晚上6:30，在餐桌旁，朱莉讲述她和詹姆斯之前看过的一部电影。	詹姆斯三次打断朱莉，纠正她讲述的内容。	朱莉冲詹姆斯大叫："你闭嘴！"丽塔叫詹姆斯保持安静，让朱莉继续用自己的方式讲述电影。
	詹姆斯大喊："她总是给我惹麻烦！"	丽塔威胁詹姆斯说再这样就让他离开餐桌。
		丽塔试图解释说这不是朱莉的错，而是詹姆斯的错。

图 4.5　记录了有关詹姆斯的行为的更多详细信息的行为日志

■**活动**■　行为日志

从本书配套资源中下载空白的行为日志，使用单独的一张纸或在下面的空白处记录。选择一个孩子持续做出挑战性行为的时段，练习记录孩子在该情境中的言行以及行为前后发生了什么。

之前发生了什么？

_____
_____
_____

孩子做了什么？

_____
_____
_____

之后发生了什么？

_____
_____
_____

行为日志提供了很多重要的信息，但也需要花费较多时间来完成，而且可能较难解读。核查表则可以帮助我们确定一天中挑战性行为最有可能发生的时刻，然后我们就可以重点记录在那些时刻发生的情况。

除了自己收集信息以外，我们还可以请他人（如老师）关注并记录行为。应根据我们的需要和具体情况选择（或设计）记录行为的策略。这些策略不应过于费时或操作困难，否则，我们就无法始终如一地使用它们。这些策略的重点应集中在我们最关心的事情上。图 4.6 针对三个个案的问题解决策略提供了一些思路。

信息收集的例子		
迪恩	詹姆斯	布里塔妮
观察：用餐前、打电话期间以及任何阿德里安娜闲下来的时候。 交谈：与达雷尔、迪恩的哥哥姐姐和迪恩的保姆交谈。	观察：与朱莉及同伴一起玩耍时。 交谈：与詹姆斯、朱莉、拼车的妈妈们以及詹姆斯的空手道教练交谈。 记录：冲突发生时，詹姆斯和其他孩子在做什么，詹姆斯的攻击行为结束之后发生了什么。	交谈：与布里塔妮、康体中心主管、布里塔妮的特殊教育老师及其他老师交谈。 记录：布里塔妮每天参与的活动的数量，以及每天与布里塔妮互动的人员的数量。

图 4.6 针对三个个案的信息收集的例子

■活动■ 信息收集

想一想哪些信息可能有助于理解孩子的行为，并制订一项关于观察（何时和何地）、交谈（与谁）和记录（以何种方式）的计划。

观察_____

_____

_____

交谈_____

_____

_____

记录_____

_____

_____

分析模式

一旦我们收集到足够多关于孩子的行为以及与其行为相关的环境的信息，

我们就可以进入第三步——分析模式。换句话说，就是对已知的信息进行分析。多少信息才算足够？信息要多到使我们能够发现模式。所谓**模式**，指的是在不同的情境中，随着时间的推移，事件的发展所呈现出的重复或一致的序列（sequences）。当我们能够开始预测孩子的行为可能会在什么时候出现或者孩子的行为出现之后会发生什么时，我们就开始了解模式了。要确保发现的模式真实可靠，就需要有大量的证据支持，同时鲜有证据与该模式相悖。

寻找模式

我们需要利用收集的信息寻找模式。为了识别孩子的行为模式，我们应该问自己这些问题。

1. 这种行为在什么情况下（何时、何地、和谁在一起、在开展何种活动期间）最有可能发生，在什么时候最不可能发生？

2. 这种行为通常会导致什么结果（比如，成果、反应、后果）？该行为能让孩子获得什么或回避什么？

总体来说，我们想知道孩子的行为对他们来说有什么作用，以及哪些情况可能会导致挑战性行为的发生。

为了得出这些结论，我们可能需要重新审视曾经熟知的一切，重新思考过去讨论的内容并翻阅记录。我们需要与家人以及其他在孩子的生活中扮演重要角色的人坐在一起探讨可能的模式。我们可以尝试列一份预测最有可能发生和最不可能发生的挑战性行为的清单，也可以猜测孩子通过自己的行为获得了什么或回避了什么，然后尝试找出支持（或反对）这些猜测的事例。

如果我们一直在做记录，那么识别模式的一种方法就是对日记或日志进行颜色编码。使用三种不同颜色的记号笔或荧光笔，用第一种颜色标出行为之前发生的事情，用第二种颜色标出行为本身，用第三种颜色标出行为之后发生的事情。如此标注一目了然，可以使我们更轻松地识别出那些可能会对挑战性行为产生影响的情境、人物或活动。图4.7展示了三个个案的行为模式。

行为模式		
迪恩	詹姆斯	布里塔妮
最容易出现哭闹：做饭时；过渡环节（比如，准备出门）；在热闹、拥挤或陌生的地方；当阿德里安娜关注其他人或事（打电话、与朋友聊天、做家务）时。 最不容易出现哭闹：洗澡或睡觉前；有人与迪恩一起玩耍或与迪恩依偎在一起时。 行为的结果：阿德里安娜停下手头的工作，训斥他或引导他开展其他活动，全神贯注地看着他。	最容易出现捉弄行为：在家里和朱莉待在一起超过15分钟时；当詹姆斯与比他年幼的孩子一起玩非结构化的游戏时。 最不容易出现捉弄行为：当詹姆斯与比他年长的孩子在一起时；在学校上课期间。 行为的结果：詹姆斯被送回自己的房间、被打屁股或受到其他惩罚；被捉弄的孩子回应他（比如，朱莉大喊大叫、威胁他或歇斯底里地啜泣，如果她试图反击，问题就会升级，詹姆斯会变得具有攻击性）；在空手道课上，詹姆斯被要求坐在外面；年幼的孩子躲着詹姆斯。	最容易出现回避行为：布里塔妮独自待着的时候；当沉浸在书中或上网时，他人要求她做其他事情（比如，家务）；对社交互动的期望很高时（比如，同龄女孩们在随意交谈）。 最不容易出现回避行为：当他人主导谈话时；当她的日程安排清楚明确时。 行为的结果：布里塔妮避免了做家务和与他人交往，能够继续做自己喜欢的事情。

图 4.7　三个个案的行为模式

我们必须认识到，某些行为或许有不止一个目的或功能。例如，迪恩可能会通过哭闹回避不愉快（即忙碌、混乱）的情境，也可能会通过同样的行为吸引妈妈的注意和得到妈妈的关心。我们需要确保已检视所有可能的目的，从而以不同的视角看待这些情境，并做出适宜的规划（比如，找出令人不愉快的情境因素并改变它们；弄清楚迪恩在何时、以何种方式获得了妈妈的关注）。

■**活动**■　寻找和分析模式

从本书配套资源中下载空白的行为模式分析表（参看图4.8），使用单独的一张纸或在下面的表中记录。弄清楚孩子的挑战性行为最有可能发生或最不可能发生的情况（"4W"），并考虑他们可能利用该行为获得了什么或回避了什么。

模式分析		
确定在什么情况下孩子最有可能和最不可能做出挑战性行为，以及他们利用该行为能获得什么或回避什么。		
在……情况下	最有可能	最不可能
何时		
何地		
与谁在一起		
开展什么活动		
孩子会……	获得	回避
是否有其他因素（即情境事件）可能导致这种行为？		

图 4.8　模式分析表，用于寻找与行为相关的模式

我们要记得关注一些更宽泛的问题。除了在孩子的行为之前和之后发生的直接事件以外，可能还存在一些更复杂的情况或更久远的事件，这些情况或事件正在影响他们的行为。如前所述，其他的影响因素可能包括：

- 身体状况（比如，过敏引起的不适导致孩子对兄弟姐妹的容忍度降低）
- 整体活动模式（比如，大量的家庭作业或课外活动带来的压力导致孩子在被要求参加家庭活动时哭泣、抱怨）
- 人际关系（比如，新的友谊会改善孩子的举止，使其更愿意参与家务劳动）

我们应该找出这些特定的情况和事件，在制订应对挑战性行为的策略时加以考虑。

▶ 策略实战

欲了解更多有关识别行为模式的信息，观看这种策略的实际操作，请点击链接，观看视频"Practiced Routines-2, Identifying Patterns"：https://www.youtube.com/watch?v=edkmKSV9YUg&list=PLLi08Aejqezrdyq4rTcBUmI63EzBKPNkx&index=2。

本视频是 Practiced Routines 积极行为支持培训视频系列的一部分，版权归 Trifoia 所有。

总结已知信息

有时，我们可以用一个短语、一句话或一小段话来概括影响孩子的行为的环境因素以及行为的目的，这对我们很有帮助。总结的内容应包括触发行为的因素、孩子具体说的话或做的事，以及行为的结果（获得了什么或回避了什么）。以下是关于这三个案例中的孩子的总结。

- 当阿德里安娜试图做自己的事情，而不是与迪恩互动时（比如，与他人聊天或打电话、准备晚餐、看杂志），迪恩就会哼哼唧唧，紧紧地抱住她的腿，并反复要求妈妈把他抱起来。这样做的结果通常是：阿德里安娜跟他说话，试图安抚他，甚至停下手头的工作，把注意力完全放在他身上。当环境混乱或迪恩身边有陌生人时，这种行为更容易出现。当他饥饿、疲倦或生病时，他的行为会变得更加糟糕。
- 詹姆斯在低结构化情境中与比他年幼的孩子们玩耍或互动（超过15分钟）时，会大喊大叫、拒绝分享、辱骂并戏弄他们。如果他们试图保护自己或做了詹姆斯认为错误的事情（比如，以错误的方式玩玩具、在玩游戏时犯错），他就会对他们拳打脚踢或朝他们扔东西。结果是，孩子们大声哭喊，而詹姆斯似乎乐在其中。詹姆斯的妈妈、姨妈和其他大人会施加后果（比如，训斥他、把他送回自己的房间、不允许他继续玩），但这些后果并不会影响他的行为。在学校里或跟比他强壮、比他年长的孩子们在一起时，詹姆斯不会做这些事情。

- 当纳坦或学校辅导员要求布里塔妮参加体力活动（比如，做家务、在学校玩游戏），或者要求她与同伴聊外太空以外的话题时，她会拒绝服从、对其不理不睬，或者继续痴迷于与他人谈论外太空。布里塔妮在受到压力时会哭泣或大声哼哼。他人通常最后都会让步（让她随心所欲），如此，她得以逃避某些活动和社会交往。当布里塔妮不得不停止做自己喜欢的事情时，当情境对社交的要求很高时，或者当他人对她的期望不明确时，她会更加抗拒参加活动。

■**活动**■　总结模式

用一句话或一小段话描述孩子的行为模式。如有必要，可以描述多个模式。

当＿＿＿＿＿＿＿＿＿＿＿＿＿＿＿＿＿＿＿＿＿＿＿＿＿＿＿＿＿发生时，

我的孩子会＿＿＿＿＿＿＿＿＿＿＿＿＿＿＿＿＿＿＿＿＿＿＿＿＿＿＿＿＿，

他获得或回避了＿＿＿＿＿＿＿＿＿＿＿＿＿＿＿＿＿＿＿＿＿＿＿＿＿＿＿。

在一个完美的世界里，我们完全相信自己可以正确地识别挑战性行为的模式。然而，在现实生活中，有时很难确定。因此，在不给孩子或其他人带来危险的前提下，检验我们的假设（或最佳猜想）是一种行之有效的方法。我们可以设置一些可能会对孩子的行为产生影响的情境，然后看看孩子在这些情境中的行为是否符合预期。图4.9举例说明了如何检验假设。当我们将干预策略付诸实践时，我们对这些模式的看法也会得到证实或受到挑战。如果干预奏效，那么我们的假设就是正确的；如果无效，那么我们可能忽略了什么，需要更仔细地考察挑战性行为，返回到收集信息的阶段。

检验假设的方法		
迪恩	詹姆斯	布里塔妮
阿德里安娜可以在迪恩哼哼唧唧的时候不去关注他，看看他有什么反应。例如，看他是更大声地哭喊还是停止哭喊。	劳拉和丽塔可以要求朱莉在詹姆斯捉弄她时走开，而不是回应詹姆斯的捉弄，看看这样做是否会影响他的行为。	布里塔妮的辅导员可以让她在参与活动期间把书留在书包里，看看这样能否鼓励布里塔妮更多地参与活动。

图 4.9　检验三个个案的行为假设的方法

小结：我们怎样才能更好地理解行为？

第 3 章教会我们客观地界定行为，并为孩子设定更宽泛的目标。第 4 章告诉我们如何通过交谈、观察和记录收集信息，以及如何识别孩子的行为模式。有了这些知识（以及随之而来的对孩子的需求更敏感），我们就可以开始制订更有可能获得成功的行为干预计划了。

继续阅读之前

- 你是否通过交谈、观察和记录收集到了足够多的信息，厘清了影响孩子的行为的因素？
- 你是否发现了增加或减少孩子的挑战性行为的可能模式，明确了他们利用这些行为获得或回避的后果？

第 5 章　制订计划

到目前为止，本书中最重要的一课是，我们必须先了解孩子的行为，然后才能有效地解决问题。这意味着要了解行为背后的诱因和动因。阅读完第 3 章和第 4 章以后，我们应该能够很好地理解：

> **可下载资源**
>
> 在阅读本章和开展相关活动时，本书的工作手册中的以下资源可能会对你有帮助。
> - 儿童行为支持计划
> - 干预策略的头脑风暴
> - 教学计划
>
> 第 5 章的这些资源均可下载。

- 孩子到底做了什么或说了什么令我们担忧？我们希望孩子做什么或说什么来代替它们？
- 哪些情况会引发孩子做出最好和最坏的行为？
- 孩子做出这些行为可以达到什么目的（获得了什么或回避了什么）？

有了这些信息，我们就可以制订计划来改变孩子的行为，并有望全面改善孩子的生活。

PBS 的重点不是试图控制孩子，而是组织我们的环境，以不同的方式接触和回应孩子，从而影响他们的行为。因此，我们将根据已发现的行为模式设计干预策略，其中也涉及改变我们自己的行为。最重要的目标是促进积极行为的发展，让我们的孩子不再需要用挑战性行为来实现自己的愿望、满足自己的需求，学会以恰当的方式应对自己所处的环境。将在前几章中明确的所有信息和策略整合到一项综合性的行为支持计划中，可以帮助我们收集和整理所选择的策略，保持实施过程的一致性。在本书的可下载资源中，有一份长达4页的儿童行为支持计划空白表（参看图5.1），其中包含以下内容。

- 记录目标。
- 概述孩子的行为模式和关于行为发生原因的假设。
- 确定干预策略。
- 规划必需的额外支持，包括危机管理。
- 制订行动计划和进展监控计划。

儿童行为支持计划		
孩子的姓名：		日期：
小组成员：谁将参与这一过程？		
干预环境：计划将在哪里执行？		
设定目标		
行为：你的孩子具体说了什么不妥当的话或做了什么有问题的事（按优先级排序）？		
对行为的描述 （孩子说了什么或做了什么）	基线估计值 （多久说一次或做一次，每次持续多久）	可用的数据
1.		☐
2.		☐
3.		☐
4.		☐
宽泛的目标：你为你的孩子和家庭设定的更大的目标是什么？		
数据收集方式： 访谈☐ 观察☐ 其他☐		

图 5.1　儿童行为支持计划表（样例）

你也可以使用干预策略的头脑风暴记录表（参看图5.2）。

干预策略的头脑风暴		
什么情况会引发孩子的行为?	孩子目前在做哪些令人担忧的事情?	孩子通过自己的行为得到了什么结果? 他获得了…… 他回避了……
我该如何改变这些情况,以预防问题的出现? 避免陷入困境: 改善具有挑战性的情境: 通过提示辅助良好行为:	我希望孩子做什么(替代行为)? 我该如何教他这样做?	我该如何回应孩子的行为: 奖励积极行为? 不奖励挑战性行为?

图 5.2　干预策略的头脑风暴记录表

在第 2 章的基础上,本章会详细介绍应对孩子的行为的三种通用策略。

1. 通过改变引发挑战性行为的环境预防问题的出现(比如,回避触发问题的事物)。

2. 用更积极的行为替代令人担忧的行为,帮助孩子更有效、更恰当地表达自己的需求和应对困难情境。

3. 管理后果或结果,奖励孩子的积极行为,而不是在无意中奖励挑战性行为。

图 5.3 总结了根据已知的行为模式为杰里米(参看第 2 章中介绍的个案)制订的干预策略,它全面体现了这些计划要素。接下来,我们将以迪恩、詹姆斯和布里塔妮为例,深入阐释这些策略。

杰里米的计划中的策略		
出现问题的时间： 当购物时间很长时；当马西娅没有向他明确说明对他的期望时；当他被排除在购物活动之外时。	令人担忧的行为： 索要物品；从货架上抓取不需要的物品；在商店里大喊大叫，跑来跑去。	行为的目的： 让马西娅屈从于他的要求（比如，给他一个想要的甜食或玩具）；提前结束购物。
预防问题出现： 多去几次商店，这样每次需要买的物品数量就会减少，可以缩短每次购物的时间。 去商店之前，重温对杰里米的行为期望，并检查购物清单上列出的物品明细（进入商店之前也要提醒他）。	替代行为： 鼓励杰里米在感到无聊或厌倦购物时礼貌地表达出来（比如，问"我们还需要在这儿待多久？"而不是发脾气）。 让杰里米帮助大人购物，给他物品的标签或图片，让他自己挑选。 让杰里米在去商店之前和去商店的路上练习期望的行为（比如，待在妈妈身边、坐在购物车里、小声说话）。	管理后果： 表扬杰里米的行为符合期望。 如果杰里米做出恰当行为，就允许他在收银台处挑选一个甜食，回家后还可以做一项特别活动。 如果杰里米提高嗓音或远离购物车，就提醒他应该怎么做。 如果杰里米对提醒没有反应，就拉住他的手，然后把他放进购物车里，并告知他失去了一个得到甜食奖励的机会，但回家后，他仍然可以做他的特别活动。 如果杰里米仍然表现不佳，就离开商店，稍后再回去。

图 5.3　杰里米的计划中的策略摘要

预防挑战性行为的发生

当我们在某种程度上明确了哪些具体的情境和情况会引发孩子的挑战性行为时，也许我们就能通过改变它们来预防问题的出现。简单地说，我们可以通过回答这一问题来设计某些预防策略：我可以改变哪些特定的情境来预防挑战性行为的发生，并鼓励孩子做出积极行为？

避免陷入困境

预防问题出现的方法有很多种，一种方法是避免陷入困境。这意味着保护孩子，让他们免于经历某些事件，以及/或者更好地满足他们的需求，这样就不会有不必要的不适引发挑战性行为了。下面是一些例子。

- 如果我们的孩子不喜欢某些地方、某些人或某些活动，而与它们的接触又不是必不可少的，那么可以避免让孩子与它们接触（比如，允许你家十多岁的孩子不参加你的办公室聚会；晚餐时吃豌豆而非奶油菠菜）。
- 如果孩子在生病、疲倦或饥饿时更容易行为失当，那么我们可以先满足他们的需求（比如，限制他们接触过敏原；确保他们有小憩和放松的时间），并且/或者避免在此期间让他们做不喜欢或觉得困难的事情。
- 如果孩子的挑战性行为发生在他们想得到关注的时候，那么我们可以在一天中的特定时间给予他们无条件的、一对一的关注（比如，在孩子放学回家后询问他们一天的情况；在睡前拥抱每一个孩子）。
- 如果孩子在不得不放弃一些东西或停止开展他们喜欢的活动时表现不佳，那么我们可以尽力确保他们有足够的时间进行这些活动（比如，确保孩子每天至少有一个小时在户外玩耍的时间；留出一定的时间看电视）。

避免或预防孩子陷入困境是明智之举，也是尊重孩子的需求的重要方式。然而，这并不总是可行的（比如，孩子确实需要刷牙和帮忙做家务）。

改善艰难处境

预防问题出现的另一种方法是改善艰难的处境。我们可以在特定情境中添加（或事前设置）一些孩子喜欢的东西，使该情境变得更令人愉悦。例如，如果孩子的挑战性行为只发生在开展某些活动的过程中，那么我们可以改变活动中的某些元素，使其更加舒适（比如，减少家务劳动量或简化流程；允许孩子在做家务时听音乐；让孩子的朋友参与家务劳动）。如果只要我们的注意力集中在别处，孩子就会做出不当行为，那么我们可以让他们在等待时做一些有趣的事情（比如，看书、玩手机游戏）。如果只要我们要求孩子停止做自己喜欢的事情，挑战性行为就会出现，那么我们可以让他们参与过渡环节（比如，让孩子自己关掉电脑），并且/或者告知他们什么时候可以继续做自己喜欢的事情。如果当我们与孩子对质时，孩子会做出不当行为，那么我们可以改变自己纠正他们的错误或向他们提要求的方式。

我们在困境中与孩子沟通的方式也值得考虑——不只是我们说的话，还有我们的语气、肢体语言和表情。使用不同的沟通方式有可能促进合作和愉快的互动，也有可能引发阻抗和消极行为。表5.1列出了一些可能会促进或阻碍交流的互动方式。

表 5.1　促进和阻碍与孩子交流的互动方式

促进交流	阻碍交流
明确表达期望	提供模棱两可的信息
关注行为（而非孩子）	指责或批评孩子
表扬和鼓励孩子的付出	哄骗或贿赂孩子
提问并倾听	做出先入为主的假设/判断
谈话与观察相结合	说教、强烈要求或下命令
赋予责任和控制权	屈尊俯就和娇生惯养
表现出信任和尊重	讽刺和侮辱
愿意协商妥协	让步或放弃
提供选择	威胁

为孩子提供更多的选择和自己做决定的自由，让他们拥有更多自主权，是预防问题行为出现和鼓励积极行为特别有效的一种策略。如果我们花时间认真思考这一点，就会意识到，很多时候，孩子是可以自己做决定的，而我们替他们做了决定——这可能会直接影响孩子的行为。为孩子提供做选择的机会，可以培养他们的独立性和决策能力。例如，我们可以允许孩子：

- 从几项家务中选择先做哪一项
- 决定如何布置自己的房间
- 确定一天的活动顺序

- 决定穿什么衣服和戴什么配饰
- 选择晚餐吃什么
- 选择与哪些朋友一起玩游戏
- 对某些要求说"不"

增加辅助良好行为的提示

除了回避或改变与挑战性行为相关的环境以外,增加辅助孩子做出良好行为的提示也是一种有用的策略。我们需要为孩子设定明确的规则、常规和界限,并提醒他们行为期望是怎样的。例如,孩子需要知道用餐时应该做什么,应该在什么时候、以什么方式邀请朋友来家里做客,以及邻里之间的界限如何把握(比如,在没有大人陪同的情况下可以走多远,可以去谁家做客)。在一些情况下,我们唯一需要做的就是明确说明需要遵守的规则。在另一些情况下(比如,面对年幼的孩子或叛逆的青少年),我们可以使用备忘录或图片(比如,用一些图片指示玩具应该放在哪里;在冰箱门上贴一张家务清单)来帮助他们。

重要的是,我们提出的期望要合理,要符合孩子的年龄特征和能力水平,并以孩子容易理解的方式表达出来。例如,区分我们是在向孩子提出请求、要求,还是在提供选择。我们应该在以下情况下使用不同的语言。

- 询问孩子是否愿意做某件事(比如,"我们去商店怎么样?""你想看电视吗?")。
- 告诉孩子必须做某件事(比如,"你需要去修剪草坪""你必须在7点之前做完家庭作业")。
- 提供选择(比如,"你是想洗车,还是想给狗洗澡?""你是想先打扫房间,还是想先练琴?")。

只要我们向孩子说明将要发生什么事以及对他们的期望是什么,并在面对新情境之前,与他们一起回顾这些期望,就可以预防许多挑战性行为发生。

这意味着我们要说清楚我们要去哪里、还有谁会在那里、我们要待多久，以及希望孩子做什么和说什么。我们不能假定孩子生来就知道如何完成我们期望他们做的事情，而必须教他们如何满足我们的期望。例如，在带孩子去家长工作的地方时，家长可以说："我们要在办公室停留几分钟。我把车停好后，我们就手牵手走进大楼。进入大楼后，我希望你能小声说话，管好自己的手。如果有人过来向我们问好，你可以礼貌地跟他握手、打招呼。当我使用电脑时，你可以看我们带来的书或在纸上画画。"

如果活动持续的时间过长或经过等待才能得到想要的东西，有的孩子会很难满足我们的行为期望。此时，我们可以提醒孩子应该怎么做，比如，我们可以说："我们快做完了。我希望你能留在座位上再看 5 分钟书。"对于非常小的孩子或有残障的孩子，我们可以使用计时器或倒计时（还有 5 分钟，还有 4 分钟，等等）提醒他们还有多长时间。一般来说，使用提示（有关行为期望的委婉提醒）可以预防许多类型的挑战性行为发生。图 5.4 根据个案情况列举了一些预防挑战性行为发生的策略。

▶ 策略实战

欲了解更多有关预防挑战性行为发生的策略，观看这些策略的实际操作，请点击链接，观看视频 "Practiced Routines-3, Proactive Strategies"：https://www.youtube.com/watch?v=ATgkEYk7vNg&list=PLLi08Aejqezrdyq4rTcBUmI63EzBKPNkx&index=3。

本视频是 Practiced Routines 积极行为支持培训视频系列的一部分，版权归 Trifoia 所有。

■**活动**■　预防挑战性行为发生

什么情况会刺激你的孩子做出挑战性行为？

_____

_____

预防挑战性行为发生的策略		
迪恩	詹姆斯	布里塔妮
出现挑战性行为的时间：当阿德里安娜关注其他人或其他事时。 与陌生人一起待在混乱的环境或活动中。 当感到饥饿、疲倦或生病时。	出现挑战性行为的时间：当游戏时间较长或在低结构化的情境中与比他年幼的孩子互动时。	出现挑战性行为的时间：当被要求参加体力活动或与同伴交流时。 在被阻止进行自己喜欢的活动后。 处在对社交要求较高的情境中，或当行为期望不明确时。
预防挑战性行为发生：阿德里安娜在开始全神贯注地做事之前，先给予迪恩一些安慰或帮助（比如，抱抱他，给他拿点儿零食）。 让迪恩知道阿德里安娜什么时候需要独处，以及她希望迪恩在她忙的时候做什么（比如，"我要打个电话，请你自己玩一会儿""我做晚餐的时候，请你自己看会儿书"）。 当阿德里安娜要把注意力放到别处时，给迪恩一些特别的玩具或安排特别的活动（比如，给迪恩准备一盒专门在妈妈做晚餐时玩的玩具）。 提醒迪恩在需要帮助时使用语言（比如，说"请帮助我"）或手势。	预防挑战性行为发生：当詹姆斯与朱莉和其他孩子玩耍时，对他进行更严密的监督，以便家长能够在他伤害他人之前进行干预。 设定与他人玩耍的规则（比如，轮流玩，与他人礼貌交谈），并与詹姆斯的同伴和可能在照看他们的大人一起重温这些规则。 定期中断游戏，在挑战性行为出现之前，让孩子换一种游戏（比如，大约10分钟后）。 鼓励朱莉和其他年幼的孩子远离詹姆斯，而不是反抗他。	预防挑战性行为发生：制作一张活动计划表，让布里塔妮知道每天的要求，并将其写下来。 在要求布里塔妮停止阅读或与他人谈论外太空之前，给她一个明确的预告（比如，时间限制——"5分钟后，我会叫你来吃晚餐"）。 在参加其他活动时，让布里塔妮把书和手机放在她自己看不见的地方。 在要求布里塔妮参加活动之前，清楚地描述社交场合和行为期望，并让她预先进行演练。 当布里塔妮看起来不自在时，请她的同伴向她解释情况。

图 5.4　三个个案的挑战性行为预防策略

如何改变这些情况以预防挑战性行为发生？
_____
_____

避免陷入困境：
_____
_____

改善艰难处境：
_____
_____

增加辅助良好行为的提示：
_____
_____

替代行为

虽然挑战性行为令人恼火，具有破坏性，甚至会带来危险，但我们应该把它看作达到目的的一种手段，以及孩子满足自身需求的一种沟通方式。孩子之所以行为失当，是因为这似乎是他们目前应对自身处境或获得他们想要的结果的最佳（或最有效）手段。

作为父母，我们有可能犯的一个严重的错误就是假定孩子知道怎么做我们希望他们做的事情，而他们故意不做。在得出这种结论并纠正孩子的行为之前，请先想一想：你究竟希望孩子做什么，以及你是否向他们具体解释过你的期望。我们会发现，我们的期望往往跟我们发出的指令有出入。如果我们可以非常具体地界定和教授期望行为，如果我们把自己的期望表达得清清楚楚，甚至给孩子提供练习这些行为的机会，我们就会看到我们想要的改变。

因此，在处理挑战性行为时，我们最重要的目标是鼓励孩子发展出更恰当的行为方式，理想的情况是，恰当行为能替代他们的挑战性行为。我们可以借由以下问题设定替代行为：为了得到自己需要的东西，为了避免或延迟陷入困境，或者为了更恰当、更有效地应对特殊情况，我的孩子还可以做些什么？然后，清楚明确地、一步一步地教孩子做出这些行为，并在他们成功完成时，给予肯定和鼓励。

孩子的替代行为可能包括：更恰当地表达自己的需求，更好地与他人合作，在日常活动中变得更加独立，以及能够在困境中蛰伏或直面困难。以下是一些例子。

- 如果孩子在身体不舒服的时候行为失当，那么我们可以教他们关照自己的生理需求（比如，饿了就吃点儿零食，头疼了就休息一下）。
- 如果孩子对特定的活动（比如，做家庭作业、做家务）感到沮丧，那么我们可以让他们休息一下，把任务分解成几个小步骤，转换活动或定期做一些放松练习。
- 如果孩子对他人的行为有意见，那么我们可以鼓励他们用语言表达出来，避免与他人进行不愉快的互动，或者鼓励他们寻求帮助（比如，说"不要这样"，然后走开，找大人）。
- 如果孩子为了得到关注而行为失当，那么我们可以教他们以更恰当的方式寻求关注（比如，说"我现在想跟你玩""我想和你谈谈"），或者让他们学会在一段时间内自娱自乐。
- 如果孩子经常在自己喜欢的物品或玩具被拿走时做出不恰当的反应（比如，发脾气、打架），那么我们可以教他们礼貌地要求他人归还物品、轮流使用或稍后再使用它们。

在应对各种情况时以更恰当的行为替代挑战性行为的最大困难在于，孩子可能已经有效地利用挑战性行为一段时间了，因此非常乐于做出这种行为。为了能替代挑战性行为，恰当行为必须同样易于利用，并且效果要与备受关注的旧行为一样好（即回报必须同样丰厚）。例如，如果打自己的兄弟姐妹能让他们停止取笑自己，那么孩子可能会认为这是一种非常有效的策略（即它能让他人立即停止取笑自己）。如果父母要求孩子礼貌地说明自己不喜欢被取笑，那么这种行为可能经过较长的时间才能奏效，或者效果没那么好。相反，让孩子直接说"停下来"或找他们的父母可能更有效——至少目前如此。这样，积极行为就能跟挑战性行为抗衡了。图 5.5 展示了替代迪恩、詹姆斯和布里塔妮的挑战性行为的策略。

替代挑战性行为的策略		
迪恩	詹姆斯	布里塔妮
令人担忧的行为： 哭闹、黏人、要抱抱	令人担忧的行为： 大喊大叫、拒绝分享、欺负他人、辱骂他人、打人、踢人、扔东西	令人担忧的行为： 拒绝参加活动、做家务或与他人交流
替代行为： 鼓励迪恩在想要什么时用语言表达（比如，"妈妈，抱我"）或用手指出来，而不是哭闹。 教迪恩自己玩一小会儿（比如，在他玩某个玩具时，阿德里安娜拿另一个玩具进行示范，教他自己玩，然后让他练习在玩玩具或看书的同时完成一个小任务）。	替代行为： 教詹姆斯通过其他方式（比如，讲笑话）从其他孩子那里获得强烈的情绪反应。 教詹姆斯与其他孩子一起玩耍、分享自己的东西，并用语言解决问题（比如，"你能试着这样做吗？"）。 教詹姆斯在生气时放松自己（比如，深呼吸），并走开。 指导詹姆斯在与朱莉待在一起时运用这些技能（比如，让詹姆斯解释他将如何处理他们一起出去玩时可能发生的分歧）。	替代行为： 鼓励布里塔妮写下她的日程安排并遵循，记录她参加的活动和谈话内容（比如，关于什么主题，她是如何参与的，她是否喜欢这些活动）。 教布里塔妮在感到不舒服、需要休息或需要他人澄清期望时说出来（比如，"我需要一点儿时间"），或请求他人解释对自己的具体期望。 教她与朋友交谈的技巧（比如，开始和结束谈话的方法），并和她一起练习这些技巧，直到她能自如地与朋友交谈为止。

图 5.5　替代三个个案的挑战性行为的策略

在这一部分的例子中，迪恩需要深入学习沟通技能（使用语言）和休闲技能（如何自娱自乐）。詹姆斯需要学习社交技能（如何与其他孩子开玩笑，而不是欺负他们）、解决问题的方法（如何处理冲突），以及当自己不高兴时自我管理的方法。布里塔妮需要学习有关沟通、自我管理以及应对活动和社会生活的社交技能。在这三个案例中，技能上的差距与孩子们的年龄和/或残障状况相符，因此，让他们学习这些技能是合理的。

一旦选定了孩子需要掌握的技能（基于做出挑战性行为的目的和孩子所面临的环境），我们就需要教授这些技能。对一些孩子来说，可能只需要父母向他们描述或示范期望行为；对另一些孩子来说，则可能需要父母将技能分解并逐步教授。例如，布里塔妮的发展性障碍使她有必要在与他人交谈和社会互动方面接受额外的指导。

▶ **策略实战**

欲了解更多有关教授新技能的信息，观看这种策略的实际操作，请点击链接，观看视频 "Practiced Routines–4, Teaching Skills"：https://www.youtube.com/watch?v=2J9OC_4kK-s&list=PLLi08Aejqezrdyq4rTcBUmI63EzBKPNkx&index=4。

本视频是 Practiced Routines 积极行为支持培训视频系列的一部分，版权归 Trifoia 所有。

■ **活动** ■　替代行为

你的孩子目前在做哪些令人担忧的事情？

_____

_____

你希望你的孩子做什么（即可能的替代行为）？

_____

_____

布里塔妮可能会觉得有用的学习步骤或内容包括：

1. 确保你想与之交谈的人没有在忙其他事情，或者等他们有空时再跟他们交谈。

2. 走近对方并与对方进行眼神交流；问候对方，说"你好"或寒暄几句（比如，"你今天怎么样？"）。

3. 选择一个你们可能都感兴趣的话题，并引入该话题（比如，"你喜欢读什么类型的书？"）。

4. 倾听对方说的话并做出回应；如果你听不懂或想了解更多，可以提问。

5. 当你们结束交谈时，你要在离开前给出恰当的结束语（比如，"我得走了，很高兴和你聊天"）。

要促进孩子掌握替代技能，我们就必须清楚地表达期望，详细地解释我们教授的特定技能（为什么、是什么、怎么做），并尽力引导孩子自己解决问题。请参看书末的"参考文献"中的"育儿资源"部分中关于这一教学过程的更多例子和其他资源。你还可以在本书的工作手册中记录你的教学计划（参看图 5.6）。

教学计划
制订计划，教孩子一项替代技能。 1. 你希望孩子说什么或做什么（步骤/内容）？ 2. 你希望孩子在何时、何地，以及和谁一起（在什么情况下）使用这项技能？ 3. 为了辅助孩子使用这项技能，你会如何布置环境或给予提示？ 4. 你会使用哪些辅助方法（比如，描述、示范、手势、肢体引导）帮助孩子使用这项技能？ 5. 当孩子使用这项技能（或类似的技能）时，你会怎样奖励孩子？当孩子出错时，你会怎样回应？ 6. 随着时间的推移，你会如何逐渐减少援助和强化（将控制权移交给孩子）？

图 5.6　教学计划表

管理后果

挑战性行为之所以会出现，是因为它们能发挥作用——它们能让孩子获得或回避某些东西。孩子因其行为而获得或回避了某些东西，于是继续做出这种行为。了解孩子的挑战性行为的成果、结果或后果，有助于我们弄明白是什么在激励孩子并影响其行为的变化，还可以让我们知道对孩子来说什么是重要的，以及孩子愿意为了什么而付出努力（比如，如果孩子为了回避不喜欢的任务或行动而做出挑战性行为，以致耗费了大量精力，那么想象一下，如果把这些精力引导到积极行为中，他们能取得什么样的成就）。有了这样的认识，我们就可以通过回答以下问题来制订干预策略了。

"我该怎样回应孩子的行为，以便让他们在做出积极行为时更容易获得其所寻求的结果，而在做出挑战性行为时更难获得这些结果？"做出挑战性行为的目的往往是得到某些东西（比如，他人的关注、喜欢的活动或物品、感官刺激）或回避某些东西（比如，不必要的关注、不喜欢的活动、令人不愉快的感官刺激）。在管理行为的后果时，我们的最终目标是确保孩子的行为的目的或功能是通过积极行为而非挑战性行为实现的。以下是一些例子。

- **关注**：如果孩子行为失当是为了得到他人的关注，那么我们可以要求家人和朋友在孩子表现良好的时候（即抓住他们的优点）跟他们交流、表扬他们，而在孩子举止不得体的时候避免给予他们关注。
- **获取**：如果孩子做出挑战性行为是为了参加某项活动、获得玩具或其他非常想要的物品，那么我们可以确保孩子只有做出积极行为才能获得这些（比如，要求孩子礼貌地说出自己想要什么；只有在完成家庭作业后才能看电视），而在他做出挑战性行为后直接拒绝。
- **刺激**：如果孩子纯粹就是喜欢做出挑战性行为（比如，觉得奔跑和尖叫的感觉很好），那么我们可以寻找其他方法来让他们获得同样的刺激（比如，定期带孩子去公园，让他们尽情玩耍）。
- **回避**：如果孩子通过做出挑战性行为来回避他们不喜欢的任务或情境，

那么我们可以在他们表现良好的时候让他们休息一下或给他们休息时间，但仍然不允许他们以其他方式回避这些情境（比如，如果孩子连续一周在做家务期间都没有抱怨，那么就可以免除一天的家务）。图5.7提供了三个个案的管理后果策略的例子。

管理后果的策略		
迪恩	詹姆斯	布里塔妮
行为的目的： 获得阿德里安娜的关注或安慰，让她终止正在开展的活动，把注意力集中在自己身上。	行为的目的： 控制他人，让自己高兴，从比自己年幼的孩子那里得到回应。	行为的目的： 避免参加活动和与他人互动。
管理后果： 只在迪恩使用恰当的语言或手势时回应他的要求。如果他哼哼唧唧，就不理他，直到他停下来为止。如有必要，将他送出房间。 当迪恩一个人安静地玩耍时，一定要表扬他的行为（比如，说"你自己玩得很棒，现在让我们抱抱吧"）。	管理后果： 当詹姆斯开始欺负他人、大喊大叫或辱骂他人时，鼓励朱莉和其他孩子离开，并/或找大人介入，而不是给予詹姆斯想要的回应。 如果詹姆斯（和朱莉）友好玩耍，就奖励他们选择自己喜欢的特别活动。 当詹姆斯伤害其他孩子时，继续使用"罚时出局"策略，但不要冲他吼（有关这个话题的进一步讨论，参看本章中的"关于惩罚的思考"部分）。 观察詹姆斯与其他孩子玩耍的情况，在他妥善处理问题时给予奖励。	管理后果： 在布里塔妮完成必要的活动和家务后，或在她以恰当的方式请求离开时，允许她独自看书或玩电脑。 在布里塔妮就不同的话题与他人交谈后，允许她与他人讨论自己感兴趣的话题。 当布里塔妮做出不恰当的行为时，避免马上终止与她的互动或取消对她的要求。 让布里塔妮用手机记录她与同伴或大人互动的情况（比如，与谁交谈、他们说了什么）。 如果布里塔妮在每周与他人互动和参加活动方面实现了既定目标，就允许她去图书馆借书或获得购买新书的积分。

图5.7 三个个案的管理后果策略

我们无法控制孩子的行为发生后出现的一切（比如，从他人那里获得关注、从行为中获得刺激），但我们能够控制的后果可能就足以让我们看到孩子的进步。后果必须具体、一致，以便发挥其作用。我们应该定期与孩子讨论他们正在做的恰当行为和我们希望他们改变的行为，表扬孩子的具体行为，并在每次行为发生时尽快给出回应——尤其是在我们试图培养孩子的新习惯的初期。

积极后果

只有在孩子表现良好时，父母才可以在可控范围内给予他一些特权（比如，零花钱、看电视、特殊待遇）。否则，父母可以且应该取消这些特权。根据每个孩子和家庭的具体情况，建立一项个性化的每日或每周奖励制度，明确父母的期望，并帮助他们在发放奖励时更加一致。图5.8显示了布里塔妮每周是如何通过满足特定的期望来赚取零花钱的（可用来购买新书或拼图）。

对布里塔妮的期望	周日	周一	周二	周三	周四	周五	周六
早上按时做好外出准备	✓		✓	✓		✓	✓
完成所有作业	✓	✓	✓		✓		
参加课外活动	✓			✓		✓	✓
摆放餐具/帮忙做晚餐	✓	✓		✓			
与家人共进晚餐、聊天		✓	✓		✓	✓	
与朋友互动（额外奖励）		✓			✓	✓	
目标：5天中有4天能赚到零花钱	2.00美元*	2.00美元	2.00美元	1.50美元	2.00美元	3.00美元	1.00美元

* 编注：当前，美元兑换人民币汇率：1美元≈7.1992人民币

图5.8　追踪布里塔妮的奖励系统的图表

消极后果

除了确保孩子的积极行为得到奖励而挑战性行为得不到奖励以外，我

们可能会发现，在孩子做出挑战性行为时，直接处理这些行为是有帮助的，甚至是必要的。采用自然且合乎逻辑的后果往往是最有效和最尊重孩子的方法。

自然后果和逻辑后果　自然后果（natural consequences）指的是孩子以某种方式行事时自动产生的结果（即自然而然发生的事情）。例如，如果孩子弄坏了自己的玩具，那么他们就不能再玩它们了；如果孩子忘记带午餐去学校，那么他们在饭点就没有饭吃。**逻辑后果**（logical consequences）指的是我们回应孩子的行为的方式与行为本身密切相关，并且在现实情境中是合理的。自然后果和逻辑后果的例子包括：

- **自己收拾残局**：让孩子把自己玩过的玩具和使用过的物品收拾好，并清理自己弄脏的地方（比如，在准备好点心之后，把厨房里的橱柜台面擦干净）。
- **浪费的时间就是失去的时间**：如果孩子花费太多时间做父母要求做的事情，那么他们就会失去为特权活动预留的时间（比如，"是的，你做完了家务，但现在来不及看电影了"）。
- **讨人嫌就会很孤独**：如果孩子举止粗鲁或爱捣乱，那么其他家庭成员就不会愿意接纳他们，直到他们能够做到举止得体（比如，把孩子送回自己的房间，直到他们变得有礼貌为止）。

这些方法可被应用于迪恩的案例中。例如，阿德里安娜可以根据迪恩独自玩耍的时间来决定陪他玩耍的时间（比如，迪恩每独自玩耍 5 分钟，妈妈就陪他玩 5 分钟）。阿德里安娜还可以决定，迪恩只有表现良好才可以留在房间里跟自己待在一起（如果他哼哼唧唧，那么他就必须到其他房间去待一小会儿）。

罚时出局和恢复　罚时出局和恢复（restitution）是处理挑战性行为的两种常见的消极后果。罚时出局指的是在一段时间内取消奖励、关注或其他积极后果，但并不意味着长时间隔离孩子或将其置于羞辱性的环境中（比如，把孩子锁在房间里；让孩子面向墙站立，鼻子贴在墙上）——这都是对这种方法的滥用。罚时出局的主要目的是把孩子从令人非常愉快的环境中带离，让他们在相当无趣的环境中待一段时间。例如，要求孩子离开餐桌，直到他们可以与他人谈论合适的话题，或者让他们回自己的房间待几分钟，仔细考虑如何更好地解决与兄弟姐妹的矛盾。

恢复包括让孩子以修复、更换或其他的方式对自己损坏的东西负责。这可能意味着失去与行为自然挂钩的某些特权，或者要完成一些任务来改善当前的状况（比如，通过做额外的家务来挣钱，以便赔偿自己损坏的东西）。为了有效地运用恢复这种方法，必须确保孩子完全清楚自己做错了什么，应该如何改善这种状况，并且知道自己有能力弥补自己的过失。

关于惩罚的思考

面对孩子的挑战性行为，我们可能会本能地采取极端的惩罚措施，比如，打耳光、打屁股、不让孩子吃饭、冲孩子大吼或者长时间限制孩子的自由。这些措施可能会引起孩子的注意，并立即停止自己的行为——可能只是因为孩子受到了惊吓。然而，这种类型的惩罚也可能会产生持久的负面影响。

第一，惩罚往往被过度使用。惩罚是一种诱人的选择，因为它往往非常有效，能让孩子立即停止自己的挑战性行为。此外，惩罚可以缓解我们自身的一些紧张情绪，从而起到强化作用。因此，使用一次惩罚，未来就会使用无数次。惩罚很容易成为一个自我延续的恶性循环。

第二，惩罚的效果通常是短暂的，并且局限于特定情境（即只有在特定场合持续惩罚，它才能发挥作用）。我们最终可能会觉得，为了控制孩子的行为，我们必须一直惩罚他们，或者越来越严厉地惩罚他们。我们可能还会发现，孩子在公共场合或其他我们不愿意惩罚他们的场合表现得更糟糕。

第三，惩罚并不能使孩子明白什么是恰当行为，相反，惩罚的重点在于制止或抑制行为。孩子无法通过接受惩罚学习如何为人处世——他们只会认为自己应该积极地避免做出某些行为（以及由此产生的后果）。因此，他们可能不太愿意主动寻找解决问题的新方法，而是专注于远离麻烦，或者至少不被抓到。

第四，惩罚可能会对亲子关系产生负面影响。孩子可能会对我们产生负面看法，报复我们，或者不再与我们互动，从而对我们的亲子关系造成持久的伤害。如果我们依赖惩罚，我们就无法成为尊重他人和自我约束的榜样。基于以上原因，我们应该尽量减少对惩罚的使用。

危机管理

有时，孩子的行为会危及自己或他人的安全。在这种情况下，我们可能有必要亲自将孩子从某种环境中带离（比如，把他们抱走）、阻止孩子的行为（比如，站在他们和其他孩子之间）、短暂地限制孩子的自由（比如，抓住他们的手，直到他们平静下来），或者寻求其他成年人的关注和协助（比如，打电话求助）。这种类型的危机管理不应被视作惩罚或解决方案，它是必要的手段，在我们能够制订出更好的行为管理计划之前，可以确保孩子、家庭和财产的安全。如果需要采取这些方法来应对危机，那么应该温和地运用它们，不带任何攻击性（即运用最少的语言或肢体力量），并且一旦孩子能够重新控制自己的行为，就应该立即停止使用。这些原则可被应用于詹姆斯的案例中。当詹姆斯攻击他的妹妹（比如，打她、踢她、朝她扔东西）时，家人需要迅速干预——这可能意味着家人要引导他或把他带到一个单独的空间中，直至他平静下来。

▶ 策略实战

欲了解更多有关管理后果的信息，观看这种策略的实际操作，请点击链接，观看视频"Practiced Routines-5, Managing Consequences"：https://www.youtube.com/watch?v=jqvP2rI3Z60&list=PLLi08Aejqezrdyq4rTcBUmI63EzBKPNkx&index=5。

本视频是 Practiced Routines 积极行为支持培训视频系列的一部分，版权归 Trifoia 所有。

■活动■　　管理后果

你的孩子通过做出挑战性行为得到了什么结果？

他们获得了……

_____

_____

他们回避了……

_____

_____

你会如何回应孩子的行为？通过……奖励积极行为（如替代行为）。

_____

_____

通过……建设性地应对挑战性行为（如不提供奖励）。

_____

_____

我们应该运用整合思维选择预防问题出现、替代行为和管理后果的策略，确保它们作为一项综合性计划的组成部分而相互协调。将正在使用的策略（如在行为支持计划中）记录下来，以便我们轻松快捷地进行查阅。

小结：我们可以制订什么计划来处理所关注的行为？

从长远来看，解决孩子的行为问题最重要的方法是帮助他们发展更恰当的行为，以满足自身需求和应对困难局面。从本质上讲，PBS 就是教学。当我们明晰孩子的行为的原因和目的时，我们就可以制订计划，通过预防问题出现、鼓励替代行为和管理后果，教授孩子适当的行为方式。

继续阅读之前

你是否已明确需要解决的行为问题,以及计划在何时、何地解决这些问题?根据你对行为模式的了解,你是否已制订以下策略:

- 预防问题出现?
- 鼓励替代行为?
- 管理后果?

第 6 章　实施计划

一旦我们明晰了孩子的行为的原因和目的，制订策略并付诸实施似乎就是水到渠成的了。但是，为了确保我们选择的策略行之有效，我们还应该考虑一些问题。为了有效实施 PBS，我们必须：

- 选择适合孩子和家庭的策略。
- 调整策略以应对可能会对孩子的行为产生影响的广泛的生活问题。
- 在将策略付诸行动之前，安排必要的资源、支持，并进行充分的沟通。
- 制订详细的教授新行为的计划，确定孩子和其他家庭成员需要遵循的程序，并定期进行回顾。
- 确定监控行为改变和实现宽泛目标的方法，以确保策略奏效。做好必要时调整计划的准备。

本章将结合实例详细讨论这几个问题，以便指导我们实施行为计划。

> **可下载资源**
>
> 在阅读本章和开展相关活动时，本书的工作手册中的以下资源可能会对你有帮助。
>
> - 儿童行为支持计划
> - 教学计划
> - 行动计划
>
> 本章的下载资源还包括一个 Excel 电子表格，用于记录和绘制行为数据图表，以监控进展情况：
>
> - 进度监控工具
>
> 第 6 章的这些资源均可下载。

确保计划切合实际

在考虑可能的策略时，我们显然可以从各种有助于应对孩子的行为的方案中进行选择。然而，最好的策略是适合我们的孩子和我们的家庭的策略。在选择策略时，我们应该考虑孩子的长处、技能、弱点、偏好和需求（比如，孩子喜欢什么或不喜欢什么？孩子的目标是什么？孩子需要什么来实现这些目标？）。在处理孩子的行为时，我们要选择尊重孩子、不唐突的方法，例如，避免让孩子在其同伴面前难堪，否则会适得其反。我们应该跟孩子讨论我们的担忧和想法，以确保计划切合实际情况，例如，向他们解释哪些行为值得关注及其原因，我们观察到了哪些行为模式，以及我们认为应该如何处理不恰当的行为，并尽可能听取他们的意见。

我们能否落实计划，取决于我们的投入程度和策略的可行性。我们必须相信、认可自己所使用的策略。如果这些策略不切合实际情况，那么我们就不太可能根据这些策略成功地改变行为。我们的行动应该是合理的，如非必要，不扰乱孩子的日常生活。我们应该考虑家庭现有的资源，并根据这些资源选择切实可行的策略。影响策略适用性的因素包括：

- **时间**：如果我们非常忙（比如，工作时间长、有很多孩子需要照顾），那么耗费时间的策略就不切实际。
- **精力**：如果我们感到精疲力竭，那么就很难持续关注孩子的行为（比如，完成了一天的工作之后，我们只想休息，可能懒得去纠正孩子的不当行为）。
- **物质资源**：如果我们每天或每周都要购买物品（比如，用于奖励积极行为的物品、用于实施策略的特殊工具），那么经济支出就会增加。
- **地点**：如果我们需要在许多不同的地方应对挑战性行为，那么针对该行为的单一策略或方法可能就不合适（比如，很难做到在公共场合对发脾气的孩子置之不理）。
- **协调**：如果我们能让其他照顾孩子并与孩子互动的人（比如，亲戚、老师、保姆、教练）参与进来，并与他们合作，那么在实施策略时可能会更加一致（参看第 10 章中关于父母与其他成年人合作支持积极行为的建议）。

- **家庭动态**：如果我们对家庭成员之间的关系、不同成员可能扮演的角色（比如，管教者、安排活动者、玩伴）以及家庭特有的常规和文化习俗有深入的思考，那么就有可能设计出更适合每一个人的行为计划和策略。例如，我们要考虑某些策略对其他家庭成员产生的影响（比如，给予一个孩子更多的关注或特权会被认为不公平），以及这些策略在多大程度上与我们的日程安排和文化传统相适应。

所有这些考虑因素都会影响我们在家庭中的策略选择。在将计划付诸行动之前，我们应该回顾第 5 章中确定的策略，并思考以下问题。

- 我们是否有足够的时间实施该策略？
- 我们是否有足够的精力持续使用该策略？
- 我们是否拥有实施该策略所需的资源？
- 该策略是否符合我们的家庭的价值观和需求？
- 参与实施的每一个人是否都认同该策略，并承诺始终如一地使用该策略？

如果我们发现计划的某些方面行不通，那么就需要做出调整。例如，在迪恩的案例中，阿德里安娜觉得有其他人在家里时，很难对迪恩的哭闹置之不理，因此她可能会决定立即进行引导。在布里塔妮的案例中，这个家庭遇到的问题是，将允许布里塔妮购买书籍作为对其积极行为的奖励，可能很快就会因为支出太大而难以为继，因此纳坦不得不对她的花费设定合理的限制。

改善生活

在制订计划时，我们应该重新审视更宽泛的目标（参看第 3 章中的"设定更宽泛的目标"），并确保我们正在解决所有可能会对孩子的行为产生影响的生活方式问题（参看第 4 章中的"分析模式"）。如前所述，当孩子或成年人觉得不开心或不舒服时，他们的日常行为方式通常会受到影响。因此，我们需要考虑并应对这些情况，请思考如下问题。

- 是否有任何身体或医疗方面的状况可能影响孩子的行为（比如，饮食问题、睡眠问题、过敏）？
- 孩子是否在开展足够令其感到开心的活动（比如，去他们喜欢的地方、做他们喜欢的事情），或者孩子是否感到无聊，需要改变？
- 孩子是否有足够多的机会自己做选择，是否对自己的生活有一定的控制权（比如，可以选择在晚餐前或晚餐后做作业）？
- 孩子是否对日程安排和日常活动感到满意，或者日程安排是否过于紧凑和令人沮丧（比如，课外活动过多）？
- 孩子在其所处的环境中是否感到舒适（比如，与吵闹或邋遢的兄弟姐妹共用一个房间）？
- 我们能否做出改变以改善孩子与朋友和家人的关系（比如，向祖父母提供有关孩子的喜好的信息）？

针对孩子的生活做出这些大范围调整，会改善他们的整体行为，甚至会使其他策略失去用武之地。图 6.1 展示了为三个个案制订的改善生活的策略。

改善生活的策略		
迪恩	詹姆斯	布里塔妮
确保迪恩按时睡午觉、吃饭或零食，并在必要时接受治疗。 在一日计划中安排特别时间陪伴迪恩（比如，抱抱他，陪他在地板上玩耍，就他正在做的事情跟他聊一会儿）。	尝试找到詹姆斯、朱莉和邻居的孩子们都感兴趣的活动；与他们一起开展这些活动，试着改善他们之间的关系（比如，在车道上画一个长方形球场，在街道尽头设置一个轮滑曲棍球门，举行比赛）。	查看布里塔妮的日程表，确保她在家里、学校和康体中心都有充足的时间做自己喜欢的事情（比如，阅读）。 与布里塔妮一起努力，将她的兴趣扩展到其他领域（一开始可能是与外太空有关的话题，比如，加入科学俱乐部）。

图 6.1　改善三个个案的生活的策略

■活动■　改善生活

你可以在孩子的生活中做出哪些改变，从而改善他们的行为？

_____
_____
_____
_____
_____

实施计划

一旦我们对处理行为的计划感到满意，就到将其付诸实践的时候了。虽然在干预孩子的行为时，并不一定需要制订正式的行为支持计划，但把计划写下来以备日后参考，往往大有裨益。计划可能包括目标和关注的行为、已确定的模式、要使用的具体策略、行动计划和监控进展的方法。本书的工作手册中有一份空白的《儿童行为支持计划》，可下载使用。为了使计划行之有效，我们需要其他照顾孩子、与孩子互动的人给予支持，如老师、保姆、邻居和亲戚。同时，我们要做好调度和组织：重新安排家里的事情，改变日程安排，确定记录行为事件和/或计划实施结果的方法，并做好其他必要的准备工作，以保障计划的顺利推进。我们要抽出时间，与家庭成员一起学习和回顾计划中的程序和具体策略，确保每个人都能理解并完成预期任务。

制订一项行动计划，明确列出我们需要做什么，往往是非常有帮助的。行动计划步骤的示例如下。（参看图6.2中的布里塔妮的行动计划。在本书的工作手册中，你可以找到并下载行动计划的空白表格。）

布里塔妮的行动计划

　　布里塔妮、纳坦、玛格丽特、布里塔妮的老师以及康体中心的主管共同制订了一项针对布里塔妮的以人为本的计划。团队根据计划中确定的目标以及基于信息收集和分析确定的策略，做出了如下安排。

1. 纳坦、玛格丽特、老师和康体中心主管将制作一份关于家务和活动的时间表（允许布里塔妮选择做家务或开展活动）。

2. 纳坦将帮助布里塔妮进行手机设置，使她能够记录自己的日常生活以及参与的谈话和活动。纳坦将教布里塔妮如何使用手机进行记录，并向老师和康体中心主管介绍这一工具及其用途。

3. 布里塔妮和纳坦将制作一份适合用于交谈的话题清单，并练习谈论这些话题。布里塔妮的特殊教育老师将在学校里帮助她做同样的练习。

4. 布里塔妮的特殊教育老师和康体中心主管将向布里塔妮解释社交情境，提示她可以与他人讨论的话题，以及她在感到不自在时可以用来结束谈话或退出活动的技巧。他们还将找出能以同样的方式帮助布里塔妮的同龄人，并与其合作。

5. 布里塔妮和其他参与计划的人将考虑其他可能适合她的策略，以预防问题的出现，应对她不断变化的行为需求，他们将在必要时实施这些新策略。

　　每个周日，布里塔妮和纳坦都将回顾这一周发生的事情，并在她的手机里记录下一周的活动安排。

图6.2　布里塔妮的行动计划

1. 与孩子讨论这项计划，一定要向他们解释积极行为是怎样的、父母和其他人会如何支持积极行为、对积极行为的奖励以及做出不当行为的后果。让孩子复述计划，以确认他们能理解计划内容。

2. 教孩子学习他们需要遵循的所有新程序。带他们熟悉这些程序，并让他们借助模拟的场景（比如，放学回家后，将个人物品放在指定位置）进行练习和演练。

3. 与其他照顾孩子的成年人一起检查计划，并从他们那里获取支持。

4. 获取启动计划所需的所有材料（比如，核查表、日程表、激励方案）。

5. 定期回顾计划，确保没有遗忘或忽略任何步骤。

■**活动**■　行动计划

列出必须完成的步骤，以便执行你的计划。请记住，要向孩子解释这项计划，要与其他人沟通，要获取所需的材料，还要追踪计划执行的进展及结果。

需要做哪些事情？

_____

_____

_____

_____

谁做这些事情？

_____

_____

什么时候做这些事情？

_____

_____

一旦我们考虑完所有的行动步骤，就该开始实施计划了。为了使计划奏效，我们必须坚持不懈地执行，尤其是在刚开始的时候，我们的孩子和我们自己都在学习新的行为模式。坚持不懈意味着要贯彻始终（说到做到），要严格按计划展开行动。在开始实施计划时，要记住，我们必须以特定的方式回应孩子的行为。一不小心，我们就可能会走回头路。与其断断续续地执行计划，不如放弃那些我们觉得难以落地的策略。因此，定期回顾计划并与所有照顾孩子的人通力合作，确保每个人都在按计划行动，是非常重要的。

实现积极的行为改变需要时间。我们的孩子可能会以不同的速度对 PBS 做出反应，具体取决于孩子的挑战性行为顽固的程度、我们过去回应孩子的行为的方式及其他因素。例如，如果我们过去应对孩子的行为的方式变化不定（比如，有时责骂，有时屈服，有时任其发展而不加以纠正），那么孩子的行为可能就会更加根深蒂固，更难被改变。实际上，我们可能会看到挑战性行为在短时间内急剧增多，因为孩子会试探新设定的界限，并试图激怒我们，让我们做出他们早已习惯得到的反应。

预防挑战性行为发生的策略往往能够立竿见影（因为孩子不必再接触引发问题行为的情境）。然而，正如前面提到的，仅仅预防困难情况的出现是不够的。我们必须培养新的技能，以使行为发生长期、持久的改变，而这需要时间。鉴于此，我们必须保持耐心，并尽最大努力始终如一地执行计划。本章的下一部分将讨论我们如何监测行为改变的结果，并在必要时对计划做出调整。

监测结果

我们花费了很多精力了解孩子的行为，并制订了改变行为的策略。然而，一旦我们开始实施这些策略，就必须确保它们有效，并根据需要做出调整。监测计划实施的结果包括每天观察计划的实施情况，判断计划的目标是否实现，并根据需要进行调整。在判断孩子的行为是否有所改善时，我们必须尽力保持客观。如果我们在整个过程的开始阶段就确定了一个起点（即在改变行为之前，确定行为发生的时长、频率或严重程度），那么我们就只需将孩子当前的行为与之前的行为进行比较，并记录变化。你可以参考第 4 章"收集和分析信息"中的策略。与参与计划实施的孩子和成年人一起讨论，可以最有效地监测结果。我们可以根据计划实施前挑战性行为发生的频率以及当前这类行为发生的频率来决定隔多长时间对计划和结果进行一次检查（比如，每天、每周或每月）。如果挑战性行为并不经常发生，那么我们或许可以在它们发生时将其记录下来，并以这种方式监测结果。但是，如果这类行为经常发生或看起来很复杂，那么使用一个记录系统（比如，日记、每日评分、统计表）来追踪进展可能会更好。在评估效果时，我们会问以下问题。

- "孩子的挑战性行为减少了吗？"
- "孩子是否做出了更多的替代行为？"
- "我是否能够坚持使用计划中的所有策略？"
- "孩子和家庭是否获得了其他积极的结果（比如，我们可以一起去更多的地方或做更多的事情）？"

图 6.3 展示了一个用于追踪这些信息的样表。用于初步评估行为的表格也可用于监测结果。此外，你还可以使用本章可下载资源中的"监控进展工具"。这个 Excel 电子表格软件包括用于记录行为发生的时长、计算行为频率或评定行为强度的数据选项卡，它会自动根据输入的数据绘制图表，针对每种类型的数据都提供了完整的标签和图表范例。

计划实施结果						
结果	日期					
令人担忧的行为减少了吗？	是 否	是 否	是 否	是 否	是 否	是 否
其他更积极的行为是否出现得更频繁？	是 否	是 否	是 否	是 否	是 否	是 否
在其他方面是否取得了积极成果？	是 否	是 否	是 否	是 否	是 否	是 否
如果取得了，具体是什么？							
家里的每个人都对计划和行为的改变感到满意吗？	是 否	是 否	是 否	是 否	是 否	是 否

图 6.3　结果评估表格示例

通过监测结果，我们获得了必要的信息，可以据此总结成功的经验，并就孩子如何改善行为提供具体的反馈。如果计划实施的结果不如预期，或者家庭的生活环境发生了变化，那么我们也可以利用这些信息对计划进行调整。例如，我们也许会发现，计划一开始很有效，但是当孩子开始去更多的地方、与新朋友交往时，计划就不再奏效了。我们必须考虑到这些新情况，思考如何改变计划，以确保它在新的环境中也能发挥作用。图 6.4 提供了三个个案的监测策略。

监测结果的策略		
迪恩	詹姆斯	布里塔妮
每天写日记，把每天哭闹最严重的情况记下来，并注明何时、何地、与何人在一起时发生。每天晚上等迪恩睡着后，查看所有的记录。	每天根据詹姆斯与朱莉和其他同伴玩的情况打分（3分：很好；2分：一般；1分：很差）。每周末进行检查。	让布里塔妮做自我监控记录，由她自己列出参加的活动以及与她互动的人员。每周日与布里塔妮一起检查结果。

图 6.4　三个个案的监测结果策略

■活动■　监测结果

你将如何监测和评估计划实施的结果？

_____

_____

_____

_____

通过 PBS，我们可以显著地改善孩子的行为和生活。在这三个个案中，我们希望看到以下结果。

- 迪恩哭闹的频率减少到每天不超过1次，每次持续时间不超过2分钟。
- 当詹姆斯与朱莉或比他年幼的同伴一起玩耍时，如果他感到烦躁，他会在动手之前先走开。
- 布里塔妮说自己很喜欢与他人相处，参加日常活动的热情也比以前高了。

小结：如何实施我们的计划？

PBS涉及在理解的基础上制订计划，计划包括通过改变相关环境来预防挑战性行为的发生，用更积极的行为来替代挑战性行为以及管理后果，从而鼓励我们的孩子做出更恰当的行为。我们必须将这些不同的策略整合到一项计划中，使其切合孩子和家庭的特点和情况，而且自始至终都应该使用这些策略。计划实施的结果（如孩子的行为改变）应得到监测，以确保计划按预期的方式执行。

伴随着孩子的成熟、新技能的发展，以及/或者环境的变化（如父母离异、搬家、新学校、新朋友），可能会出现更多的问题和挑战。PBS是一个持续的过程，我们可以根据需要频繁地重复使用。它的使用方式也应与家庭的日常生活相适应。本书的第四部分将对这些问题进行详细的讨论。

继续阅读之前

- 在为孩子和家庭选择正确的策略时，你是否考虑到了所有重要因素？
- 你是否制订了实施策略的行动计划？
- 你决定如何监测计划实施的结果了吗？

第三部分　积极行为支持的故事

通过案例说明实践过程

本书的第一部分和第二部分以迪恩、詹姆斯和布里塔妮为例，介绍了 PBS 的原则和过程。第三部分的重点是分享更全面的 PBS 故事，详细剖析孩子及其家庭遇到行为问题并使用 PBS 解决这些问题的全过程。这些家庭在逐步推进 PBS 的细节中深化和拓展了前面两个部分所描述的 PBS 方法。每个故事都包含以下内容。

- 简要介绍孩子和家庭的背景、生活中的重要问题以及挑战性行为的历史。
- 描述家庭如何实施 PBS 过程的五个步骤：（1）设定目标；（2）收集信息；（3）分析模式；（4）制订计划；（5）监控进展。
- 反思 PBS 过程和行为矫正策略及其效果。

每个故事都是独一无二的，包括孩子的年龄和特点、令人担忧的行为、家庭环境、影响孩子的行为的因素，以及为了解决行为问题和监测结果而选择的策略。虽然每个家庭实施 PBS 步骤的方式不同，但原则和基本流程是一致的。通过阅读这些故事，我们会发现，每个家庭收集和分析信息的方法、计划本身所包含的细节都存在巨大的差异。我们可能会非常系统、细致地实施 PBS 过程（比如，使用第一部分和第二部分展示的书面程序），也可能会非常随意地实施（比如，仅仅依靠观察、交谈和对问题的反思），具体取决于我们所面对的问题和所处的环境。

第三部分为我们提供了一个通过运用模式来应用 PBS 原则的练习机会，它借助佐薇、伊索贝尔和迈克尔的故事辅助和引导我们完成整个 PBS 过程。在这三个故事中穿插了"你怎么看？"的活动，让我们有机会根据已知信息以及故事中的孩子和家庭的特定情况，思考自己可能会采取的行动。在这些活动之后，本书会详细解释这些家庭实际采用了什么行动。

在第一个故事（佐薇）和第二个故事（伊索贝尔）中，PBS 过程较为正式，涉及的内容也比较多。故事详细介绍了 PBS 过程，包括大量的数据收集和应对挑战性行为的策略。第三个故事（迈克尔）提供了一个低投入，但同样有效的例子。在这个例子中，虽然 PBS 的实施过程不那么正规，但同样为孩子和家庭带来了积极的结果，这也是最常见的情况。举这个例子的目的是强调 PBS 的中心主题——对行为及其背景的理解如何发展成积极、富有创造性且易于操作的解决方案。书末的附录 A 中有完整的行为支持计划的简明例子，供读者参考。

第三部分旨在帮助我们更自如地运用 PBS，通过对整个过程的拆解和梳理，教会我们将 PBS 的实践方法应用到实际生活中。这些故事让 PBS 变得生动有趣，并向我们展示了如何将它变成一种有效的工具。

第 7 章　佐薇的故事

佐薇是一个早熟的 4 岁女孩。她喜欢为周围的人表演,喜欢花费很多时间模仿影片里的人物,尤其是在有观众的时候。她的父母鼓励她表演,也乐于看到她展示自己的才艺。她在幼儿园里有很多朋友,她很享受早起去上学,以及和伙伴们一起玩耍的时光。佐薇常常是朋友中的领导者。她每天都很忙,没有时间睡午觉。她的母亲海伦娜描述她是一个充满爱心、活泼开朗、精力旺盛的孩子。不过,在她的朋友和父母面前,她偶尔也会展现出固执和任性的一面。

佐薇与她的母亲海伦娜和继父亚历克斯住在郊区,海伦娜在佐薇 1 岁时与亚历克斯结了婚。海伦娜怀上佐薇的妹妹科拉后就辞去了工作。虽然手头有些紧,但一家人似乎过得还不错。佐薇的继父亚历克斯在电视台工作,负责广告销售,每天坐火车往返于城市和郊区之间。佐薇的父母喜欢按部就班、有条不紊地生活。一家人都喜欢把生活安排得满满的,经常参与各种项目或活动。亚历克斯的工作时间很长,通常晚上 8 点左右到家。宝宝科拉才 6 个月大,佐薇对有了妹妹这件事似乎感到很欣喜,但并没有给予科拉太多的关注。

就在不久前,佐薇都还能够轻松入睡。每天晚上 7 点半左右,她会去洗澡、换睡衣、刷牙。母亲海伦娜会把佐薇带到床上安顿好。然后,父母中的一人会躺下来给她讲故事,讲完故事后,会把灯光调暗,把泰迪熊拿给她,再给她揉揉背,然后离开房间。佐薇通常能安稳地睡一整晚,只有在生病或出现不寻常的声响时才会醒来。早上起床后,她会精神抖擞地迎接新的一天。

然而现在,佐薇抗拒上床睡觉。从洗澡开始,难题就出现了,佐薇会脱掉衣服,在屋里跑来跑去。海伦娜试图跟她开玩笑,哄她去洗澡,但最终还是会发火，不得不强行把她带到浴室里。佐薇很快就会从浴缸里出来，穿上睡衣。在哄睡的父亲/母亲读完她选择的3本书，并为她揉背5分钟后（之前的常规动作），佐薇拒绝躺在床上。一直在照顾科拉的母亲/父亲通常会在此时进来，跟佐薇道晚安。父母都道过晚安后，佐薇开始哼哼唧唧地从床上坐起来。父母在离开房间的同时，告诉佐薇该睡觉了。可佐薇坚持要求把灯打开。当父母下楼时，佐薇会反复地在房间里叫他们，接着径自下楼走到客厅。此时，她的父母要么在看电视，要么在玩电脑，偶尔科拉也会在那里。海伦娜通常会把佐薇送回房间。

当海伦娜再次离开房间时，佐薇开始哭泣。这种情况至少又出现过两次。海伦娜把佐薇带回她的房间后，尝试过谈判、贿赂、吼叫、威胁，最后甚至尖叫，费尽心思，却都无济于事，这使她精疲力竭，经常躺在佐薇的床上就睡着了。之后，她终于溜出佐薇的房间，回到自己的房间。夜里，佐薇醒来，又会呼唤海伦娜，然后跑去父母的卧室。这个时候，亚历克斯通常会送佐薇回去。他曾尝试使用很多种策略，比如，把佐薇锁在她的房间里，然后回到自己的房间，但这会导致佐薇完全失控——她踢墙、摔玩具、拍门，连续哭闹两个小时。亚历克斯也试过在佐薇的卧室门口装一道安全门，但他一离开房间，佐薇就会翻过安全门，跑去父母的卧室。父母很担心佐薇因为翻门或者因为在发脾气时撞到破碎的玩具或家具的尖角而受伤。他们甚至把自己的卧室门也锁上了，但佐薇会在拍打他们的房门30分钟后，从厨房的橱柜抽屉里拿一把餐刀，尝试撬开门锁。

父母双方在应对佐薇的夜间行为时有些反复无常。一些时候，他们会心平气和地与佐薇讲道理，另一些时候，则会立即对她大吼大叫（通常取决于他们的心情）。父母既沮丧又疲惫，还要照顾一个刚出生的婴儿，而这让他们更难有耐心。他们觉得佐薇的行为扰乱了整个家庭，破坏了他们与女儿们以及彼此之间的关系。

鉴于这种情况，他们决定尝试更仔细地检视佐薇的行为，以便能更稳定、更有效地处理这些事。

第一步：设定目标

PBS 的第一步是设定目标，为我们的孩子和家庭设定更宏大的生活方式目标，并定义和优先考虑所关注的具体行为。

确定宽泛的目标

除了定义值得关注的行为以外，我们还要考虑为孩子和家庭实现哪些更宽泛的目标。更宽泛的目标不局限于制止挑战性行为发生，还包括改善人际关系、创造机会和保持良好的情绪状态等。

■ 你怎么看？■

你会为佐薇和她的家庭设定哪些宽泛的目标？

_____
_____
_____
_____
_____

佐薇的父母同时考虑了佐薇的需求和他们自己的需求，最终设定了以下这些目标。

- 佐薇独立入睡，整晚都待在自己的房间里（并感到安全和满足）。
- 睡前时间成为一家人感到快乐、享受宁静的时光。
- 一家人都能够休息好，心情放松，彼此相处融洽。

佐薇的父母意识到，拥有一段宁静的、不受干扰的睡前时间是他们的目标，而不是佐薇的。佐薇更愿意和父母待在一起，从他们的陪伴中得到安慰（尤其是在科拉出生以后）。

定义挑战性行为

我们必须明确定义值得关注的行为，尽可能将其具体化，确保即使是偶尔与孩子接触的人也能识别出这些行为。我们应该在一开始就估计行为的频率（多么频繁）、持续时间（多长时间）和严重程度（多么强烈），以便日后能够对变化进行评估。请记住，行为是一个人所说或所做的任何事情。

■ 你怎么看？■

鉴于佐薇及其家人的情况，你认为她最值得关注的行为是什么？

行为：

描述：

频率、持续时间和严重程度：

佐薇的父母意识到，虽然她过去一直很任性，但她的睡前时间和睡眠并没有受到影响，直到最近，情况开始恶化。他们希望佐薇能够做到：（1）按时睡觉；（2）整晚都躺在自己的床上。他们把以下这些表现视为主要的挑战性行为。

行为：在睡觉时间离开自己的卧室并捣乱。

描述：哼哼唧唧、哭闹、呼叫父母、从床上坐起来或下床、离开卧室。这些行为有时会升级为踢墙、扔玩具、尖叫和摇晃身体。

频率、持续时间和严重程度：每晚至少持续一个小时，导致家人无法获得充足的睡眠。

确定行为是否真的需要干预

在设定目标的过程中,我们需要判断挑战性行为是否严重到需要干预。考虑一下挑战性行为的几大维度:这些行为危险吗?有破坏性吗?会扰乱环境吗?是令人厌恶的或是与孩子的发展阶段不相符的吗?

■**你怎么看?**■

查看佐薇的挑战性行为的定义,根据挑战性行为的五个常见维度判断她的行为是否严重到需要干预。

危险:
_____
_____

破坏:
_____
_____

扰乱:
_____
_____

令人厌恶:
_____
_____

发展不适宜:
_____
_____

佐薇的父母考虑了挑战性行为的各个维度,认为她的行为确实需要干预,原因如表 7.1 所示。他们并不认为她的行为令人厌恶,但他们不确定是否应该把它看作与发展阶段不相符。他们决定与佐薇的儿科医生讨论一下这个问题。儿科医生告诉他们,学龄前儿童普遍存在睡眠困难的问题,因为在这个阶段,他们开始出现新的恐惧（比如，怕黑、怕被抛弃）。另外，家里新添了一个弟弟或妹妹，这种被取代的感觉会让孩子格外渴望得到父母的关注，渴望父母给予更多的肯定与安慰。但是，儿科医生强调，睡眠问题并不一定会影响睡前时间，也不一定会造成危险和混乱的局面。

表 7.1 佐薇在睡觉时间离开卧室和捣乱行为的维度

危险	佐薇在漆黑的屋子里游荡时可能会受伤。有些夜晚，她的行为会升级为扔玩具和试图撬开锁着的门，这可能会导致她受伤。
破坏	乱扔东西和撬门都会造成损坏。
扰乱	佐薇的夜间闹剧让每个人都无法入睡，疲劳和沮丧破坏了家庭气氛。
令人厌恶	否
发展不适宜	不确定。佐薇的父母认为，作为一个 4 岁的孩子，佐薇应该能自己躺在床上睡觉。

第二步：收集信息

PBS 的第二步是收集信息，以便更好地理解孩子的行为。许多父母发现，他们可以通过观察孩子在不同情境中的行为（比如，行为发生在哪里、当时与谁在一起），与其他跟孩子互动的人交谈（比如，老师、医生、其他孩子的父母），以及记录孩子的行为（比如，写日记、在图表上做记号）来轻松获得这些信息。

确定收集哪些信息

必须找到有助于我们收集各类信息的方法，并确定使用这些方法的最佳途径。

■你怎么看？■

佐薇的父母可能会使用哪些方法收集信息？

观察：
_____
_____

交谈：
_____
_____

记录：
_____
_____
_____

一旦佐薇的父母决定了改变什么行为，他们就摆脱了危机模式，可以仔细地思考如何理解佐薇的行为，以及使用什么方法收集必要的信息。佐薇的父母希望选择一些既适合他们的日程安排，又在他们的能力范围内的策略。他们决定采用以下方法。

- **观察**：晚上，父母都在家时，会轮流观察佐薇的行为和自己的反应，尤其是在睡前。
- **交谈**：白天，海伦娜会趁着科拉睡觉，和佐薇讨论睡前的问题。周六，父母还会找一位保姆照看孩子们，这样，他们就可以花时间一起讨论所关心的问题。每天早上，他们还会在叫孩子们起床前，花时间讨论前一天晚上发生的事。鉴于佐薇的睡眠问题只对他们的家庭造成了影响，他们觉得没有必要向她的幼儿园老师或亲戚咨询。
- **记录**：佐薇的父母会用行为日志记录佐薇每晚睡觉前后发生的事——包括睡前常规的变化、什么时间让她上床睡觉、她什么时候入睡、她做出了什么行为、他们对佐薇的行为有什么反应、她夜间是否起床和什么时候起床，以及其他任何有用的信息。

按照这项计划,佐薇的父母花了大约两周的时间收集信息,这对他们来说似乎是一段非常漫长的时间。以下是他们了解到的情况。

海伦娜单独和佐薇坐下来,告诉她,对家里的每一个人来说,睡觉时间都是一段不快乐的时光,她的行为影响了大家。佐薇说,她不喜欢一个人待在房间里,睡前也不觉得困,她很想念父母,因为她能听出来他们和科拉玩得很开心。海伦娜问佐薇,以前她都是一个人睡觉的,为什么现在不行了呢?佐薇说,她想和家人在一起,不想一个人待着。

行为日志揭示了一些有趣的规律。图7.1中的记录几乎代表了每晚都会发生的状况,但有时,结局并不一样。每隔一段时间,父母就会对佐薇发一次脾气,然后她会躺在床上哭着入睡。有两次,父母把自己锁在了卧室里,佐薇则一直拍打着他们的房门,最终累得躺在房间外的地板上睡着了。

行为日志	
姓名:佐薇	日期:6月14日
情境:佐薇在睡觉前的行为表现	

挑战性行为出现之前发生了什么	佐薇做了什么	挑战性行为出现之后发生了什么
睡前常规以佐薇躺在自己的床上结束,我们向她道了晚安,离开房间,回到了楼下。	佐薇哭喊着,在她的床上跳来跳去。	我们大声提醒她,现在到了睡觉时间,她应该停下来睡觉。
我们第一次提醒佐薇。	佐薇下了床,站在房间里大声喊叫、哼哼唧唧、哭泣。	我们又大声地提醒她该去睡觉了,这次语气更加坚定。
我们第二次提醒佐薇。	佐薇离开自己的房间,哭哭啼啼地走到楼下。	海伦娜怒气冲冲地把佐薇送回她的房间,把她放在床上,并告诉她待在房间里睡觉。
海伦娜离开佐薇的房间。	佐薇再一次走下楼,哭得更凶了。	亚历克斯送佐薇回房间,把她放在床上,然后锁上了门。
亚历克斯离开佐薇的房间。	佐薇踢墙、扔玩具,并拍打房门。	海伦娜和佐薇一起躺在床上,她打算留下来抱着佐薇,直到她冷静下来。后来,两个人都睡着了。

图7.1 行为日志展示了佐薇的行为与家人的反应

佐薇的父母讨论了佐薇一直以来的睡前常规。他们意识到，以往在睡前时间，父母两个人通常一起参与，经常在晚上花很多时间陪佐薇。自科拉出生以来，因为事情太多了，通常只有父母中的一人参与睡前常规活动，而且不像以前那样花那么多时间哄佐薇睡觉了。父母意识到，由于佐薇晚上的行为，他们开始对佐薇产生负面情绪，他们似乎正在改变与佐薇互动的方式，尤其是在夜幕降临的时候。父母还意识到，他们对佐薇的回应时好时坏，有时是大喊大叫，有时是强迫她待在床上，还有时是抱着她、和她一起睡觉。

第三步：分析模式

PBS 过程的第三步是总结我们掌握的情况。我们利用收集的信息确定挑战性行为及其周围环境的运作模式。我们可以用一句话或一小段话来概括孩子的行为模式。

■**你怎么看？**■

根据佐薇的父母收集的信息，你觉得哪些模式影响了她的行为？

当_____
发生时，佐薇会_____，
从而获得／回避_____。

佐薇的父母认真地考虑了他们的谈话内容，并查看了记录，针对佐薇的行为得出了一些结论。佐薇在晚上出现问题的原因很可能是在她上床睡觉后，其他家庭成员都没有睡觉，尤其是父母，他们那时正在和科拉一起玩耍。如果佐薇在科拉睡着后才上床，父母躺下陪着她，直到她睡着，或者允许她睡在父母的房间里，那么她的行为就不会那么糟糕。佐薇的挑战性行为使她得到了父母的关注，也使她避免了独自入睡。佐薇的父母总结道："当佐薇被带到床上独自睡觉时，她会哭闹、哼哼唧唧、下床，变得破坏性十足，麻烦不断，从而让我们陪着她，避免独自一人待在床上。她的睡眠问题是在科拉出生后出现的，那时，佐薇第一次被迫与他人分享我们的关注。"

佐薇的父母知道佐薇不想一个人睡觉，但不确定这只是因为她想得到父母的关注，还是因为她独自一人时真的会感到恐惧，会有消极的情绪或想法。无论如何，他们认为这个总结准确地描述了佐薇的行为模式。他们也承认有更明显的问题正在发挥作用。在科拉出生之前，佐薇并没有睡眠问题。而现在，父母对她的关注总体上减少了。

检验猜测

当我们不确定自己的总结陈述是否正确时，我们可以通过改变挑战性行为发生的环境或结果来检验，看这种行为是否还会发生，或者发生的次数是否一样。在佐薇的案例中，她的父母认为还不需要这样做。

第四步：制订计划

PBS 的第四步是利用我们在第二步、第三步中得到的信息，制订应对孩子的行为的计划。

干预的内容、地点和时间

在确定具体如何应对孩子的行为之前，我们需要考虑现在亟须处理的是什么行为，以及我们打算在何时、何地开展干预。

■你怎么看？■

佐薇的家庭计划应该针对哪些行为（如特定行为、一般行为）？

_____

_____

佐薇的父母应该在什么时候解决问题（如全天、特定时间）？

_____

_____

他们应该把重点放在哪里（如家庭、学校、社区）？

_____

_____

显然，佐薇的父母认为睡眠是他们最关心的问题。不过，他们也需要关注一天中的其他时间以满足佐薇对他人的关注的需求。他们意识到，改变佐薇的行为意味着改变他们自己的行为。这需要时间和耐心，而他们必须迎难而上。

如何干预

关于处理孩子的行为的综合性计划包括各种策略，涉及预防挑战性行为的发生、以更恰当的行为替代挑战性行为以及管理行为后果等步骤。

预防挑战性行为发生　一旦父母知道了引发孩子做出挑战性行为的因素，他们就可以改变环境（比如，回避引发挑战性行为的事件），从而帮助孩子做出更恰当的行为。

■ **你怎么看？** ■

什么促使佐薇做出这样的行为？

_____

_____

为了防止挑战性行为发生，佐薇的父母可以怎么改变环境？

_____

_____

避免陷入困境：

_____

_____

改善艰难处境：

_____

_____

增加辅助良好行为的提示：

_____

_____

当佐薇的父母明白了佐薇做出挑战性行为的原因和目的，他们就有信心做出改变（包括改变与佐薇互动的方式），鼓励佐薇做出更恰当的睡前行为。佐薇的父母认为，他们哄佐薇睡觉的方式影响了她的行为。具体来说，他们认为自己需要明确对佐薇的行为期望，以及家庭的夜间常规是如何导致佐薇在睡前做出挑战性行为的。佐薇的父母需要了解哪些因素导致佐薇抗拒入睡，以及他们可以在睡前常规活动中做出哪些改变以减少佐薇对入睡的抗拒。佐薇的父母查看了相关信息和模式，发现运用以下策略可以预防或最大限度地减少问题的出现。

- 晚上早些时候多陪陪佐薇。当父母两人都在家时，一人照顾科拉，另一人陪佐薇玩15～30分钟。如果父母不同时在家，那么海伦娜会把科拉放进婴儿背带或摇篮里，然后和佐薇一起散步或跟着视频跳舞。
- 每天早点儿给佐薇洗澡，这样洗澡和睡觉之间就有了更多的时间间隔。因为佐薇把洗澡和上床睡觉联系在一起，而上床睡觉已经成为一个负性事件，所以把这两件事分开或许可以缓解佐薇在睡前的不安情绪。
- 因为佐薇说自己能听到父母在房间里和科拉玩闹的声音，所以当她准备睡觉时，家里要保持安静。另外，可以让佐薇在床上用带有睡眠定时功能的iPad听轻柔的音乐或使用上面的放松类应用程序，以掩盖家里的声响。
- 让佐薇挑选一张喜欢的照片放在床边，当她听着轻柔的音乐或使用放松类应用程序感到困倦时，看看这张照片，这样可以让她感到安心并分散她的注意力。
- 将佐薇的睡觉时间延后30分钟，这样，亚历克斯就可以在海伦娜陪科拉的时候专门陪伴佐薇，或者当海伦娜和佐薇在一起的时候照看科拉了。
- 留在佐薇的卧室里，离她远一点儿，在摇椅上坐几分钟再走。事先让佐薇自己选择一个毛绒玩具，在父母离开她时作为睡前伙伴。
- 建立新的睡前常规。海伦娜会给佐薇读 2 本书，帮她揉背，然后坐在摇椅上读 5 分钟自己的成人读物。她会在 iPad 上设置好音乐或放松类应用程序，并在离开前向佐薇保证，如果佐薇一直躺在床上，保持安静，她就会回来看佐薇。如果佐薇想看时间，她会告诉佐薇 5 分钟后数字时钟会怎样显示。
- 10 分钟后返回佐薇的房间。每周将查看佐薇的时间推迟 5 分钟，直到最后，海伦娜只需在自己准备上床睡觉时查看佐薇的情况。

替代行为 除了预防困难情况的出现以外，我们可以且应该教孩子以恰当的、积极的方式表达自己的需求和面对困难。

■**你怎么看？**■

佐薇目前在做什么令人担忧的事情？
_____
_____

佐薇的父母更希望她做什么？
_____
_____

佐薇的父母思考了佐薇做出的行为及其原因，并再次表达了对其行为（下床、哭闹、哼哼唧唧、走出房间、蹦跳和扔东西）的担忧。他们认为佐薇应该做以下行为。

- 在父母离开房间后，待在床上，保持安静，直到睡着。如果她半夜醒来，能平静地安抚自己重新入睡。

- 用各种办法平复心情和安慰自己，如用 iPad 听音乐、使用放松类应用程序、看书、看床边的照片、轻声哼唱、玩心理游戏（比如，数一数爱她的人、想一想白天发生的开心的事），或使用她从应用程序中学到的其他放松技巧。

管理后果　为了以更积极的行为取代挑战性行为，我们需要管理孩子的行为的后果，让孩子因做出积极行为而非挑战性行为得到奖励。

■你怎么看？■

佐薇通过自己的行为获得了哪些结果？
佐薇获得了……
_____
_____

佐薇回避了……
_____
_____

佐薇的父母应该如何回应她的行为？奖励积极行为的方式有：
_____
_____

应对挑战性行为的建设性方式有：
_____
_____

佐薇的父母仔细思考了她在睡前时间做出破坏性行为的目的，认识到他们反复无常的反应正使这种情况进一步恶化。他们注意到，通过吼她并带她回自己的房间，他们给予了她想要的额外关注——尽管这种关注是负面的。佐薇极力避免在父母陪伴新生儿时独自待在卧室里。父母中的一个人睡在她旁边正是她想要达到的目标。

鉴于此，为了奖励积极行为，佐薇的父母决定用以下方式回应她的行为。

- 如果佐薇待在床上，没有哼哼唧唧或哭闹，那么大约过10分钟后再去她的卧室陪伴她一会儿。慢慢增加间隔时间。如果她整晚都安静地待在床上，那么第二天在科拉午睡的时候，佐薇就可以和父母一起开展她选择的活动。
- 绘制一个图表来记录成功入睡的情况，并把它放在佐薇的房间里。如果佐薇在前一晚做出了积极行为（即没有哼哼唧唧或哭闹，一直躺在床上），那么早上她就可以在图表上贴一张星星贴纸。
- 如果佐薇连续一周都有良好的睡前表现，那么就安排保姆照看科拉，并带佐薇出去玩几个小时。给她买一个她喜欢的与睡觉有关的物品（比如，夜灯、夜光星星贴纸、毛绒玩具、睡衣）。

佐薇的父母还决定用以下方式回应挑战性行为。

- 如果佐薇在上床之后又走出房间，那么就把她带回到床上，尽量减少与她的互动（比如，没有眼神接触、不说话），并提醒她一次，如果她安静地躺在床上，就可以参与第二天的活动。
- 如果在第一次提醒后，佐薇仍然从房间里出来，那么就送她上床，并关上她的卧室门。向佐薇解释，如果她保持安静，躺在床上，他们就会把门打开。10分钟后，打开门并告诉她，他们第二天早上会来看她。如果不得不把门关上，那么佐薇就不能参与第二天的特别活动了。
- 如果佐薇大哭大闹，那么就不理睬她。如果她做了危险的事情（比如，扔玩具），那么就制止她，并把玩具从房间里拿走，然后迅速离开。

佐薇的父母意识到，他们以前对挑战性行为的反应一直很不稳定，佐薇还需要时间来适应他们的新反应，然后才会相信父母的回应是可靠的。他们决定在这段艰难的适应期里相互支持和安慰。他们确信，如果他们能够做到反应始终如一，佐薇的行为终会得到改善。

改善生活　在制订关于应对孩子的行为的计划时，我们要定期回顾更宽泛的目标，确保我们正在解决可能会对孩子的行为产生影响的生活方式问题。

■你怎么看？■

在佐薇的生活中，我们可以做出哪些改变，从而改善她的行为？

_____
_____
_____
_____
_____

佐薇的父母计划让佐薇参加当地青年会的"妈妈与我"课程。他们认为这项活动可以很好地展现佐薇的表演天赋，使她拥有一个属于自己的爱好（这是科拉做不到的事情），她会为此感到自豪，并感觉自己受到重视。

实施计划　一旦我们为孩子制订了积极行为支持计划，我们就要考虑如何启动和执行该计划。我们应该与孩子和其他照顾孩子的人交流，获取可能需要的材料，寻找定期检验计划成功与否的方法，并在必要时调整或更改计划。

■你怎么看？■

要将为佐薇制订的计划付诸实施，需要采取哪些步骤（以及谁会负责执行该计划）？

_____
_____
_____
_____
_____

佐薇的父母知道他们必须每晚都坚持执行这项计划。为此，他们需要提前准备好要做的事和要说的话，还要提前准备好所有额外的材料，这样就不必担心把材料放错地方或者用完了。为了启动计划，他们做了以下工作。

- 在工作日的午休时间，亚历克斯在 iPad 上查找了一些能够让人放松的应用程序以及一些舒缓的音乐（这些可以帮助佐薇平静下来）。他还在佐薇的房间里放了一个时钟，这样，佐薇可以很方便地查看父母进来看她的时间。
- 父母与佐薇坐在一起，告诉她新的睡前常规并鼓励她采用新的睡前行为计划。
- 白天，当科拉睡觉时，他们让佐薇练习上床睡觉前的放松技巧。
- 佐薇和海伦娜一起绘制了睡觉时间图表，并准备了星星贴纸。海伦娜让佐薇考虑自己想参与什么活动或获得什么物品作为奖励，然后她们把象征这些活动或物品的图片贴在睡觉时间图表的下方（图 7.2 展示了计划实施几周后的睡觉时间图表）。
- 佐薇和海伦娜翻看了相册并在互联网上搜索，最后找到了一张照片，佐薇希望放在床头，晚上看。
- 父母两人回顾了这项计划，并制作了讨论进展情况的时间表。

第五步：监控进展

通过定期监测孩子对现有计划的反应，我们可以迅速解决可能出现的问题，并做出必要的改变。监测结果包括追踪替代行为和挑战性行为发生的情况，监控计划的实施效果，并记录所有积极的结果（包括计划以外的积极结果）。

104 | 积极行为支持教养手册：解决孩子的挑战性行为（第2版）

🌙				
周六	★	★		
周五	★	★		🦁
周四	★	★		🚲
周三		★		🍳
周二	★	★		👗
周一	★	★		💃
周日	★	★		

图 7.2 佐薇的睡觉时间图表

■你怎么看？■

佐薇的父母应该如何监测计划的实施结果？

_____
_____
_____
_____

第一周，佐薇的父母每天早上都会花费几分钟时间讨论前一天晚上佐薇睡觉的情况。他们一边讨论，一边查看行为记录图表，以确定佐薇的行为随着时间的推移发生了怎样的变化。他们还讨论了计划实施的一致性。这样的讨论使他们有机会把问题遏制在萌芽状态，并能立即调整计划。第一周过后，他们改为在每周日上午进行讨论，因为让佐薇睡觉变得越来越顺利了。

佐薇的成果

对佐薇和她的家人来说，针对新计划的准备工作、讨论和详细教学都进行得非常顺利。佐薇对于在睡觉时间图表上贴星星贴纸、听 iPad 播放的音乐和使用 iPad 上的放松类应用程序，以及查看房间里的时钟都感到非常兴奋。她喜欢翻看相册和上网寻找特别的照片。她似乎理解了新的睡觉程序，包括按程序做和不按程序做所带来的不同后果。

然而，即使做了万全的准备，一家人在实施计划的过程中还是遇到了一些问题。佐薇记不住父母回来看她的时间。于是，父母在离开房间前平静而快速地又解释了一遍。第一天晚上，虽然佐薇喊了几声，但她还是坚持躺在床上直至入睡。看上去，她很喜欢新的时钟和图片。佐薇还想去玩 iPad，所以父母向她重申了规则——他们设置好应用程序，把 iPad 放在斗柜上，但她不能碰它。他们保证，如果佐薇连续一周都能获得星星贴纸，就有机会拥有玩 iPad 的时间。

在接下来的几个晚上，佐薇似乎在挑战新的常规和父母的极限。当她试图离开自己的房间时，父母在过道遇到了她，并把她带回到床上。当她把 iPad 拿到床上时，她失去了当晚的特权。有时，佐薇的父母觉得很难按照计划行事。忽略佐薇的大喊大叫和哭闹很不容易，但他们互相鼓励，认定自己在做正确的事。到了第四天晚上，佐薇似乎适应了新的常规，终于赢得了参与早上的特别活动的机会。

在接下来的几周里，佐薇总体上表现不错。然而，海伦娜发现很难一直留出足够的时间与佐薇一起开展特别活动。她向邻居提起了这件事，邻居提议让她 12 岁的女儿莎拉每周抽出几天来帮忙。现在是暑假，莎拉基本上都待在家里。佐薇非常喜欢莎拉，所以佐薇的父母让她在那几天和莎拉一起活动，或者让莎拉照看科拉，海伦娜则陪伴佐薇。他们还允许佐薇在她非常喜欢的特别活动中使用 iPad。

佐薇的父母继续实施该计划，并在必要时做出微小的调整（比如，更换照片、购买新的相关物品，以及在亚历克斯的日程发生变化时调整时间表）。随着时间的推移，佐薇渐渐长大，他们发现她不再记得在睡觉时间图表上贴星星贴纸了，于是决定停止使用它。最终，睡前的挑战性行为不再成为问题。佐薇和她的父母终于能够得到充分的休息了，一家人也更加快乐了。

第 8 章　伊索贝尔的故事

伊索贝尔是一个交友广泛的 15 岁女孩。她每天一有空闲时间就打电话或玩电脑。她是个典型的青春期女生——上一秒还和朋友因为只有彼此才懂的笑话笑个不停，下一秒就为某个男生纠结、烦恼。伊索贝尔非常在意自己在同龄人心目中的形象。她最亲近的人对她的评价是：外向、爱交际、有主见，有时爱与他人争论。

伊索贝尔来自一个中上层家庭。她的母亲西蒙娜是一位艺术家，父亲路易斯是当地大学的教授。伊索贝尔有一个 11 岁的妹妹玛丽亚和一个 9 岁的弟弟亚伦。玛丽亚文静、受人喜爱，而且很内向。她和伊索贝尔都是好学生，不过玛丽亚要比伊索贝尔更努力才能实现自己的学业目标。亚伦是足球队的得分王。每个周末，他们的父母都会去亚伦的足球队看他踢球。

伊索贝尔就读于当地的一所私立学校。她按时上课，成绩优秀，但老师认为她有挑战权威的倾向——她质疑学校的制度，时不时违反学校的着装规定，但在学校里并没有受到严厉的处罚。伊索贝尔参加了学校的戏剧活动，但参与度正在下降。她还参加过其他活动，如学生会活动和课外活动，但现在她对这些活动的参与度都在下降，兴趣转移到其他领域了。

虽然伊索贝尔对大多数成年人都很尊重，但她与她的父母相处时并非如此。父母两人对伊索贝尔的行为的看法截然不同。西蒙娜认为伊索贝尔很有个性，还经常为她的某些行为找借口。路易斯的用词则更为严厉，说她粗鲁、叛逆、惹人讨厌。在家里，伊索贝尔只要不顺心或被父母要求做自己不喜欢的事情，就会大发脾气。即使是最微不足道的要求，也会引发伊索贝尔的挑战性行为，导致她气冲冲地跑回自己的房间或离家出走。路易斯非常担心随着时间的推移，伊索贝尔的消极行为会越来越严重，总有一天，他和西蒙娜将无法控制她。伊索贝尔一有机会就会顶撞父母，毫不留情地指责他们。她的行为影响了整个家庭的氛围。

用餐时间尤其艰难。西蒙娜会在晚餐准备好后叫伊索贝尔来用餐。这时，伊索贝尔通常正在房间里做作业或听（音量很大的）音乐，很少回应妈妈。大约5分钟后，西蒙娜会再叫她一次，伊索贝尔仍然没有回应。然后，西蒙娜要么非常大声地喊伊索贝尔，要么站在她的房间外命令她去吃晚餐。这时，伊索贝尔通常会冲西蒙娜大喊大叫，怒斥她（比如，"你没看到我在做事情嘛！"），或者变得阴阳怪气（比如，"我看你是真的饿了。"）。随后，伊索贝尔气冲冲地跑下楼，来到餐桌旁。她坐下后，噘着嘴，重重地摔椅子或餐具，开始辱骂玛丽亚。伊索贝尔一般会指责西蒙娜晚餐做得不好，并拒绝用餐。她很少与家里的其他人进行眼神交流，除了厉声呵斥家人以外，她很少说话。即使参与谈话，也是以不屑和讽刺的口吻回答问题（比如，抱怨父母的问题"太愚蠢"）。晚餐才刚刚开始，伊索贝尔就问是否可以离开。伊索贝尔说她不明白，如果自己不吃饭，为什么还要坐在餐桌旁。不是讽刺，就是指责，伊索贝尔几乎每天晚上都会干扰家人用餐。

伊索贝尔经常不按时回家，当她和她的朋友外出时，通常会晚到家20分钟，甚至更长时间。她也不给父母打电话，告诉他们需要等多久。路易斯觉得她突破了底线。当伊索贝尔的父母向她谈及不按时回家的问题，并告诉她不知道她的行踪令他们十分担心时，伊索贝尔对他们说的话置若罔闻，并抱怨说他们总是小题大做。她说："有什么大不了的？现在才晚上10点半，而且还是周六。"父母解释说，问题不在于时间早晚，而在于她回家的时间比约定的时间晚了将近30分钟。伊索贝尔则说，她恨他们，恨不得马上离开家，这样他们就不会一直唠叨她了。伊索贝尔经常拒绝回答父母关于她在哪里、在做什么以及外出时和谁在一起的问题。由于伊索贝尔的行为反复无常，父母怀疑她酗酒或沾染了违禁药物，但他们没有找到证据。

伊索贝尔把自己的房间和家里的其他地方弄得一团糟。走进她的房间，不可能不踩到衣服、成堆的学校作业和乱放的鞋。柜子上面也堆满了东西。她把鞋、衣服、书和其他私人物品扔在家里的各个角落。当父母要求她把这些物品收起来时，她通常会对父母第一次提的要求置之不理，或者说自己以后会收拾的（实际上，她从来没有收拾过）。当父母再次催促她时，她往往会说一些讽刺的话，对父母出言不逊，甚至大喊大叫。如果父母继续施加压力，她通常会回到自己的房间或狠狠地摔门离去。伊索贝尔的父母威胁说，再这样下去，他们就会扔掉她乱放的私人物品，或者不再给她买任何新衣服或新鞋，不过他们从未真正这样做过。

伊索贝尔的父母对她的回应方式并不一致，这可能是因为他们对她的行为有不同的看法。他们要么试图和伊索贝尔谈心，解释为什么她应该更友善一些，要么威胁和训斥她。西蒙娜经常为伊索贝尔的挑战性行为找借口（比如，她可能累了，今天心情不好或和朋友吵架了）。有时，父母会尝试给予她无条件的关注和支持（比如，"用足够的爱来感化她"），有时又会罚她禁足，不让她和朋友一起逛商场，不准她用电脑、打电话或看电视。但伊索贝尔依然我行我素，父母的管教似乎并没有影响她的行为。似乎只有伊索贝尔的家人认为她的行为具有挑衅性，这也许是因为她做出这些行为的目的主要是试探父母的底线。父母为了避免激怒伊索贝尔，在与她互动时总是谨小慎微，他们早已因此而疲惫不堪。

第一步：设定目标

PBS 的第一步是设定目标，为我们的孩子和家庭设定更宏大的生活方式目标，并定义和优先考虑所关注的具体行为。

确定宽泛的目标

除了定义值得关注的行为以外，我们还要考虑为孩子和家庭实现哪些更宽泛的目标。更宽泛的目标并不局限于制止挑战性行为，还包括改善人际关系、创造机会和保持良好的情绪状态等。

■ 你怎么看？■

你会为伊索贝尔和她的家庭设定哪些宽泛的目标？

_____
_____
_____
_____
_____

伊索贝尔的父母既考虑了伊索贝尔的愿望，又考虑了他们自己的需求，确定了他们希望达到的更宽泛的目标。

- 伊索贝尔能够遵守家规，接受父母设定的一些限制，并通过完成指定的家务，为家庭出一份力。
- 伊索贝尔能够与父母和兄弟姐妹积极地互动（比如，在适当的时候平静地说出自己的意见，有礼貌地提出要求，在不伤害他人的身体或情感的情况下表达不快，理解他人的需求）。
- 伊索贝尔能够积极参加学校活动和社区活动（比如，学校的俱乐部活动或课外活动、社区剧院活动），避免做出危险行为（比如，深夜外出，不告诉家人自己在哪里，离家时不接电话）。
- 在大多数情况下，伊索贝尔能够促进或者至少不妨碍家庭环境的安宁与和谐。

除了考虑自己的目标以外，伊索贝尔的父母还决定与伊索贝尔及其他家庭成员交流，共同设定一些宏大的目标。西蒙娜带伊索贝尔去买校服，在购物的过程中，她们谈论了伊索贝尔为自己设定的目标以及她现在对生活的期望。伊索贝尔的目标是获得更多的自由，减少对父母的依赖。带着这些目标，父母开始进一步了解伊索贝尔做出挑战性行为的原因。

定义挑战性行为

我们必须明确定义值得关注的行为，尽可能将其具体化，确保即使是偶尔与孩子接触的人也能识别出这些行为。我们应该在一开始就估计行为的频率（多么频繁）、持续时间（多长时间）和严重程度（多么强烈），以便日后能够对变化进行评估。请记住，行为是一个人所说或所做的任何事情。

■ **你怎么看？** ■

鉴于伊索贝尔及其家人的情况，你认为她最值得关注的行为是什么？

行为：

_____

_____

描述：

_____

_____

频率、持续时间、严重程度：

_____

_____

伊索贝尔的父母认识到令他们担心的主要有两种行为，分别被称为**违抗**和**不尊重**。这两种行为经常同时发生，不过也并非总是如此。这两种行为都跟伊索贝尔与其父母的具体互动方式有关。

行为：违抗。

描述：不听从指令，在被告知停止活动后仍继续进行，违反既定的家规和关于回家时间的约定，未经允许离家出走。

行为：不尊重。

描述：说话粗鲁，与他人争吵，尖叫，讽刺、侮辱和指责他人。

频率、持续时间和严重程度：这两种行为每天至少发生三次，周末更为频繁。它们一直持续到伊索贝尔离开房间为止，而且会干扰整个家庭的生活。

确定行为是否真的需要干预

在设定目标的过程中，我们需要判断挑战性行为是否严重到需要干预。考虑一下挑战性行为的几大维度：这些行为危险吗？有破坏性吗？会扰乱环境吗？是令人厌恶的或是与孩子的发展阶段不相符的吗？

■ 你怎么看？■

查看伊索贝尔的挑战性行为的定义，根据挑战性行为的五个常见维度判断她的行为是否严重到需要干预。

危险：

破坏：

扰乱：

令人厌恶：

发展不适宜：

伊索贝尔的父母考虑了挑战性行为的各个维度，认为她的行为确实需要干预，原因如表 8.1 所示。他们并不认为她的行为令人厌恶或具有破坏性，也不认为与发展阶段不相符，因为他们听说这种行为在青少年中并不罕见。在与伊索贝尔的老师和其他孩子的父母交谈后，他们发现，挑战规则和无视权威这两种行为在这个年龄的孩子中很常见,不过她的行为似乎更为极端。

表 8.1 伊索贝尔的违抗和不尊重行为的维度

	违抗	不尊重
危险	伊索贝尔拒绝遵守规定,尤其是与晚上按时回家和可以去的地方有关的规定,这可能会危及她的健康和安全。	伊索贝尔与他人争吵、大喊大叫,并粗鲁地回应他人;出言不逊并不危险。
破坏	伊索贝尔拒绝听从指令,导致既定的规则和常规难以维持,并给家里的其他孩子树立了反面典型。	伊索贝尔与他人争吵和大喊大叫的行为破坏了用餐的氛围和家庭的和谐,并损害了家庭成员之间的关系。

第二步:收集信息

PBS 的第二步是收集信息,以便更好地理解孩子的行为。许多父母发现,他们可以通过观察孩子在不同情境中的行为(比如,行为发生在哪里、当时与谁在一起),与其他跟孩子互动的人交谈(比如,老师、医生、其他孩子的父母),以及记录孩子的行为(比如,写日记、在图表上做记号)来轻松获得这些信息。

确定收集哪些信息

必须找到有助于我们收集各类信息的方法,并确定使用这些方法的最佳途径。

■你怎么看?■

伊索贝尔的父母可能会使用哪些方法收集信息?

_____

_____

观察：

_____

_____

交谈：

_____

_____

记录：

_____

_____

在伊索贝尔和她的父母确定了目标后，父母开始考虑可以通过哪些途径获得信息，以便更好地了解伊索贝尔的行为和需求。他们决定采用以下方法。

- **观察**：伊索贝尔的父母决定密切关注伊索贝尔的行为以及自己对其行为的反应，尤其是在容易出现问题的时候（比如，分配家务和用晚餐时）。
- **交谈**：伊索贝尔的父母坐在一起，讨论她的违抗和不尊重行为通常发生的场合、在场人员以及当时的外部环境。他们决定每天晚上睡觉前都花几分钟时间谈论当天的经历。他们还决定与伊索贝尔的学校里的一些人交谈，包括她的一些朋友和戏剧老师（这必须悄悄进行，以免让伊索贝尔感到尴尬）。最后，他们决定与伊索贝尔交谈，看看能否更好地理解她做出这些挑战性行为所要达到的目的。
- **记录**：伊索贝尔的父母决定，如果他们感到难以将伊索贝尔的行为和他们自己的反应梳理清楚，就用日记记录双方的交流情况，以此探究他们之间的互动模式。

按照这项计划，伊索贝尔的父母对伊索贝尔的行为进行了为期一周的观察、讨论和记录。以下是他们的收获。

一开始，伊索贝尔的父母认为这两种挑战性行为最常发生在家人聚在一起时（比如，晚餐时间），尤其是当他们向伊索贝尔提出具体要求或者提醒她注意规则的时候。当他们给出时间限制时（比如，"立即把这些乱七八糟的东西收拾好""四点之前回家"），这些行为也比较容易发生。父母认为，挑战性行为在上午以及他们没有对她提出要求时发生的频率最低。他们还发现，违抗和不尊重行为似乎只发生在家里，而不发生在学校或社区里。另外，他们一致认为，伊索贝尔的挑战性行为通常是针对他们的，很少针对她的兄弟姐妹。父母中的任何一人单独与伊索贝尔在一起的时候，挑战性行为通常不会发生，除非要求她做出特定的反应。

伊索贝尔的父母仔细思考了伊索贝尔通过自己的行为可能会获得什么或回避什么。他们起初认为伊索贝尔拒绝服从要求，并与他们争吵，是为了得到他们的回应。他们觉得伊索贝尔故意挑起消极互动是为了激怒他们，让他们感到沮丧和愤怒，从而掌控局面。伊索贝尔可以通过挑战父母的权威和向父母发难来逃避她不想承担的责任。事实上，伊索贝尔的父母经常让她的兄弟姐妹替她完成她该做的家务。无论伊索贝尔的表现如何，他们都向她提供零花钱和特权，因为他们认为这些都是她应得的。父母意识到，他们降低对伊索贝尔的要求并减少对她的限制，是为了回避她的消极的，有时甚至是爆发性的行为。

伊索贝尔的父母与戏剧老师约斯特女士见了面。她很高兴有机会和他们谈谈伊索贝尔的情况。她告诉他们，伊索贝尔看起来非常喜欢戏剧，她是一个很好的演员。她没有看到他们所描述的挑战性行为，但她注意到，伊索贝尔非常喜欢掌控周围的环境。她说伊索贝尔很擅长说服他人，不太愿意服从他人的领导。她还指出，在为伊索贝尔的表演提建议时，她必须非常小心，因为一旦提出建设性的批评，伊索贝尔就会显得十分抵触或变得闷闷不乐。

当伊索贝尔的父母告诉她，他们想跟她谈一谈，以便更好地了解她的想法时，她一开始并不愿意参与。不过，最终，伊索贝尔还是表达了自己的想法——她觉得父母总对她指手画脚、评头论足。伊索贝尔说，她想变得更加独立，希望父母相信她，让她自己做决定。伊索贝尔还说，她并不想说刻薄的话，只是父母"快把她逼疯了"。

伊索贝尔的父母想表示他们对她的尊重，于是询问她希望从他们和其他家庭成员那里具体得到什么。他们还明确表示无法保证她能得到想要的一切。伊索贝尔想要的包括以下这些。

- 父母不再唠叨她
- 花更多时间与朋友在一起
- 父母不再总是质疑她的一举一动
- 自己做选择的权利

伊索贝尔的父母还问她是否喜欢和他们一起开展某些活动。伊索贝尔说，她喜欢西蒙娜带她去购物，也喜欢路易斯在院子里干活时和她聊天。伊索贝尔更喜欢主动跟父母交流——也许是因为父母经常在她表现不好的时候找她，而且总是责备她，而不是支持她。

伊索贝尔的父母试图了解伊索贝尔和她的朋友们晚上外出时都做些什么，但她对此非常抵触，总是闪烁其词（比如，她说："你们知道的，我们只是到处逛逛，随便玩玩。我觉得你们不需要知道每一个细节。"）。父母对无法了解伊索贝尔更多的情况感到沮丧，但他们认为这不是当务之急，可以以后再与她详谈。

观察伊索贝尔一整天的行为似乎很困难，因此，她的父母决定先把信息收集的重点放在晚餐时间，希望在晚餐时间获得的信息有助于他们了解在其他时间发生的情况。父母试图把每周至少有 5 个晚上一家人一起吃晚餐作为重要的家庭事件，而伊索贝尔几乎每天都会做出违抗或不尊重行为。父母想找出一些规律，帮助他们理解伊索贝尔的行为的目的，了解他们的反应对其行为模式的影响。他们认为每天写日记可以帮助他们客观地看待这些事，于是计划坚持写一周日记。

图 8.1 展示了西蒙娜在几天内所做的记录。随着记录内容的增多，他们开始发现，他们对伊索贝尔说话的内容和方式以及伊索贝尔的反应都发生了一

些变化。有一次，西蒙娜度过了特别美好的一天，比平时更快乐。她没有像往常那样冲伊索贝尔大喊"开饭了"，而是直接走进她的房间，兴致勃勃地对伊索贝尔说："猜猜我们晚餐吃什么？你快来看看吧！我们聊聊你今天过得怎么样。"有了这样的开场白，伊索贝尔更加愿意去吃晚餐，也不总是捣乱了。伊索贝尔的父母意识到，他们有时会带着防备之心与她接触，害怕出现问题，这种心态使事情变得更加糟糕。

日期	记录
4月19日	晚上6:10，我叫伊索贝尔下来吃饭（"吃饭了！"）。大约过了5分钟，我又大声喊了一次。伊索贝尔阴阳怪气地说："来了……"但她并没有来到餐桌前。在我喊了她的名字后，她终于来了，不耐烦地坐下来。路易斯开始讲述他今天的经历，伊索贝尔打断了他，问是否一定要听他喋喋不休。我告诉伊索贝尔要有礼貌。接着，伊索贝尔转向玛丽亚，开始取笑她喜欢的一名男生。路易斯告诉伊索贝尔，如果她没有什么好话，就"把嘴闭上"。伊索贝尔挑三拣四地吃了大约10分钟，然后要求离开。我把她的晚餐放在了一边。
4月20日	晚上6:20，我在厨房大喊"开饭了！"家里其他人都来了，开始吃晚餐。大约10分钟后，路易斯来到伊索贝尔的房间，看到她正在听音乐。路易斯说："你妈妈做了一顿丰盛的晚餐。你至少应该过来吃一点。"伊索贝尔回答说："我过一会儿再去。"路易斯坚定地说："不，现在就去。"然后，他关掉了音乐。伊索贝尔瞪了他一眼，然后走向厨房。她吃了一些饭菜，然后开始质问我们为什么一直唠叨她。最后，我们都不再说话了，只默默地吃晚餐。
4月22日	晚上6:05，我在做晚餐的间隙顺便收了衣服。经过伊索贝尔的房间时，我把衣服放在了她的柜子上，并随口问她在学校过得如何。伊索贝尔说："还行。"然后继续低头看书。我告诉她晚餐大约10分钟后就做好了。晚上6:20左右，伊索贝尔来到厨房。当其他人准备吃晚餐时，我让她把盘子放在桌子上。伊索贝尔勉强答应了，然后双臂交叉坐在餐桌前。伊索贝尔吃完晚餐后，参与了孩子们关于音乐的谈话。在这期间，她取笑了亚伦的新鞋，当我们试图参与谈话时，她翻了白眼，但这比大多数晚上的情况好多了。

图8.1 记录了伊索贝尔的行为的日记

第三步：分析模式

PBS 过程的第三步是总结我们掌握的情况。我们利用收集的信息确定挑战性行为及其周围环境的运作模式。我们可以用一句话或一小段话来概括孩子的行为模式。

■ 你怎么看？■

根据伊索贝尔的父母收集的信息，你觉得哪些模式影响了她的行为？

当 _____
发生时，伊索贝尔会 _____，
从而获得 / 回避 _____ 。

伊索贝尔的父母思考了他们的谈话内容，并仔细查看了记录的信息。为了确认伊索贝尔的行为模式，他们完成了第 4 章中描述的寻找规律的活动。图 8.2 展示了他们所填写的表格。除了眼前的这些问题以外，伊索贝尔的父母还意识到，他们非常担心伊索贝尔晚上与朋友外出时的行为以及她的总体安全。另外，他们发现他们两个人对伊索贝尔的期望和在监管方面的做法并不一致。他们根据这些信息写了一段总结陈述。

"当我们要求伊索贝尔做一些她不想做的事情或者问一些她不想回答的问题时，她要么置之不理，要么大声顶嘴。这些行为能够使她：（1）避免做自己不想做的事情；（2）获得对自身处境的掌控感。我们两个人对她的期望不一致，而且缺乏对她的监督，这可能导致此类行为变得更加严重。"

起初，伊索贝尔的父母认为伊索贝尔制造混乱气氛是为了避免与家人交流。然而，在听了约斯特女士的讲述后，他们意识到，伊索贝尔的行为是有规律可循的——伊索贝尔很有可能只是想回避父母对她提出的要求，从而获得控制权和独立性。伊索贝尔的父母还意识到，他们说话的语气和态度会影响伊索贝尔对他们的反应。

模式分析：违抗和不尊重		
行为发生的背景	最有可能	最不可能
何时	伊索贝尔被要求做她不喜欢做的事情或家务；父母对她提出要求；父母问她很多问题	让伊索贝尔独处；她做自己喜欢做的事情时（如购物、与朋友外出）
何地	在家里，尤其是在餐桌旁	在学校里
与谁在一起	父母；有时是兄弟姐妹	朋友；老师
做什么事情	吃晚餐；做家务	自由活动；购物
行为能让孩子……	获得	回避
	对做什么、去哪里的控制权；无论表现如何，都能得到零花钱和特权	与她认为专横的人互动；做家务，遵守规定和常规安排

图 8.2　探索伊索贝尔的行为模式

检验猜测

当我们不确定自己的总结陈述是否正确时，我们可以通过改变挑战性行为发生的环境或结果来检验，看这种行为是否还会发生或发生的次数是否一样。

西蒙娜决定用几天时间来验证她的推测，即她与伊索贝尔交流的方式会对伊索贝尔产生怎样的影响。她不再在厨房里大声通知伊索贝尔晚餐准备好了，而是亲自去找伊索贝尔，先闲聊几句（如果伊索贝尔愿意），然后再告诉她晚餐准备好了。这种做法并没有解决伊索贝尔所有的挑战性行为，但在这些日子里，伊索贝尔似乎更愿意上桌吃饭了，即使没有吃完所有的食物，至少也会吃掉一大半。

第四步：制订计划

PBS 的第四步是利用我们在第二步、第三步中得到的信息，制订应对孩子的行为的计划。

干预的内容、地点和时间

在确定具体如何应对孩子的行为之前，我们需要考虑现在亟须处理的是什么行为，以及我们打算在何时、何地开展干预。

■你怎么看？■

伊索贝尔的家庭计划应该针对哪些行为（如特定行为、一般行为）？

_____

_____

伊索贝尔的父母应该在什么时候解决问题（如全天、特定时间）？

_____

_____

他们应该把重点放在哪里（如家庭、学校、社区）？

_____

_____

伊索贝尔的父母认为，这两种挑战性行为（即违抗、不尊重）经常同时出现，两者都很重要，都亟待解决。他们决定在家里做出一些改变，从而对伊索贝尔一周中的每一天的行为产生影响。虽然重点是在家里，但父母也需要监督伊索贝尔在学校和社区里的表现。他们还决定把重点放在晚餐时间，因为一家人共进晚餐对他们来说很重要，同时这也是一个反复出现问题的时段。

如何干预

关于处理孩子的行为的综合性计划包括各种策略，涉及预防挑战性行为的发生、以更恰当的行为替代挑战性行为以及管理行为后果等步骤。

预防挑战性行为发生　一旦父母知道了引发孩子做出挑战性行为的因素，他们就可以改变环境（比如，回避引发挑战性行为的事件），从而帮助孩子做出更恰当的行为。

■你怎么看?■

什么促使伊索贝尔做出这样的行为?
_____
_____

为了防止挑战性行为发生,伊索贝尔的父母可以怎么改变环境?
_____
_____

避免陷入困境:
_____
_____

改善艰难处境:
_____
_____

增加辅助良好行为的提示:
_____
_____

伊索贝尔的父母认为,触发伊索贝尔做出挑战性行为的情境如下:当他们要求伊索贝尔做她不喜欢做的事情(如打扫房间、与家人一起用餐)时,当他们盘问她(如"你什么时候回家?")时,以及当他们对她的行动施加限制(如规定晚上回家的时间)时。伊索贝尔对这些情况的抵触情绪因父母的处理方式和态度不佳而加剧。由于挑战性行为多发生在父母对她提出要求的时候,因此他们决定通过降低要求和明确要求的内容来尽量减少这种行为。为了厘清他们的期望,他们列出了目前要求伊索贝尔承担的各项责任的清单。然后,他们删掉了那些并非绝对必要的项目。

他们仅要求伊索贝尔做一些必要的事情,以创造他们所期望的稳定、安宁的家庭生活,同时让伊索贝尔获得一些独立性。他们决定不再要求伊索贝尔做以下这些事情。

- 上学前在家吃早餐。
- 和兄弟姐妹一起走到公交车站。
- 吃完晚餐后与家人一起散步。

同时，父母认为他们需要继续要求伊索贝尔做到以下这些事情。

- 与家人共进晚餐（每周至少三次）。
- 打扫房间（每周至少一次）。
- 收拾家里的个人物品（每天）。
- 遵守关于晚上回家时间的规定（工作日晚上 8:00，周末晚上 10:00）。
- 每天完成一项家务（如清空洗碗机）。

伊索贝尔的父母也想改变对伊索贝尔提要求的方式。他们决定从一开始就明确对她的期望，这样就不必经常提要求了。他们觉得许多期望都适合于所有家庭成员，而不仅仅是伊索贝尔，于是把全家人召集起来开了个会。他们讨论了家庭的目标，并征求每个孩子的意见。伊索贝尔没有真正参与谈话，她安静地坐在一旁，倾听兄弟姐妹的发言。他们提出了一个主要目标：一家人开开心心，互相帮助，通过友好相待来表达关爱。伊索贝尔的父母随后解释说，以下这些新的期望适合于每一个人。

- 每天睡前收拾个人物品，每周打扫一次卧室（日期和时间视个人情况而定）。
- 与家人交谈时尊重对方（用平和的语气和礼貌的言辞）。
- 每天做一项家务，为家庭做贡献。

伊索贝尔的父母认为，确定适合于所有人的期望能够减少冲突。这样，伊索贝尔就不会觉得这些要求只针对她了——她之前表达过这一想法。这样做还能告诉其他孩子什么样的行为是可接受的。父母把这些期望写在纸上，贴在冰箱门上作为提醒。

伊索贝尔的父母认为他们需要改变要求伊索贝尔做事的方式，他们需要更明确地表达期望。他们和伊索贝尔坐在一起，讨论了希望伊索贝尔做出的行为改变。他们告诉伊索贝尔，他们意识到以前要求她做的事情可能超出了必要的范围，而且有时提出的要求很唐突。他们提出了新的、具体的期望。他们要求她每周至少参加三次家庭聚餐，在晚餐开始后的 5 分钟内到达餐厅，坐在餐桌旁，直到晚餐结束，而且举止得体、令人舒适（他们就具体表现形式达成了一致）。

除了对在家里的言行有要求以外，伊索贝尔的父母还决定制订一项新的计划，以方便家庭成员报告行踪，并为孩子们提供充分的监护。他们在冰箱门上贴了一块可擦写的白板，并用马克笔写上了所有家庭成员的名字，以及什么时间、在哪里、和谁在一起、做什么等问题。每个人（包括父母）都必须在离开家之前记下自己要去哪里、做什么、和谁在一起以及打算什么时候回家。

伊索贝尔的父母也开始与伊索贝尔谈论兴趣爱好，试图鼓励她更多地参与学校和社区活动。他们问她为什么不再参加课外活动。伊索贝尔解释说，她很怀念那些活动，尤其是上戏剧班，但她厌倦了父母不断盘问她这些活动的细节。在经历了许多次讨论（和劝说）之后，伊索贝尔同意去社区剧院参加一部戏剧的试镜，她需要每周排练几次，而父母也同意让她自愿分享在戏剧班里发生的事情，而不是每天问她很多问题。

替代行为 除了预防困难情况的出现以外，我们可以且应该教孩子以恰当的、积极的方式表达自己的需求和面对困难。

■你怎么看？■

伊索贝尔目前在做什么令人担忧的事情？

伊索贝尔的父母更希望她做什么？

_____

_____

伊索贝尔的父母进一步思考了伊索贝尔的行为以及她通过这种行为获得（和回避）了什么。他们考虑了一般人在被要求做自己不喜欢做的事情时，或者在觉得自己不应该受他人控制时所使用的策略，包括他们是如何表达愤怒和沮丧的。他们确定他们希望伊索贝尔承担家里的责任（履行家庭义务，而不需要他人再三催促），并对自己的活动和行踪负责。

伊索贝尔的父母和她深入探讨了"独立以责任为基础"的理念，并明确表示，当她满足了父母的期望，展现出应有的责任感时，父母更有可能给予她更大的独立空间。他们把满足期望与提高自由度联系了起来（参看"管理后果"部分）。

伊索贝尔的父母确信他们希望伊索贝尔在表达自己的意见和喜好时，能够心平气和地与他们和她的兄弟姐妹交流。他们指出，伊索贝尔应该学会推己及人，如果她希望他人以友好的方式跟她说话，那么她就应该这样对待他人。此外，他们还向伊索贝尔讲解了恰当表达意见的步骤。

1. 找一个合适的时间（在她的父母没打电话、没工作或没与家里的其他人交谈时）。

2. 用平静温和的语气告诉父母，她对某件事有疑虑，想和父母谈谈。记住，要陈述观点，包括提供其他选择，并倾听父母的回应。

3. 冷静地做出进一步解释或提出后续问题。

4. 轮流发言，直到所有的观点都表达完毕。

5. 接受父母在这个问题上的决定，即使她与他们的意见相左。

6. 不纠结于某一件事，向前看。

伊索贝尔的父母意识到，他们与伊索贝尔交流时养成了一些不良习惯。他们共同决定以身作则，向伊索贝尔展示他们所期望的行为方式，互相鼓励运用这些技巧，并在冷静地解决问题时予以肯定。

管理后果　为了以更积极的行为取代挑战性行为，我们需要管理孩子的行为的后果，让孩子因做出积极行为而非挑战性行为得到奖励。

■ **你怎么看？** ■

伊索贝尔通过自己的行为获得了哪些结果？

伊索贝尔获得了……

_____

_____

伊索贝尔回避了……

_____

_____

伊索贝尔的父母应该如何回应她的行为？奖励积极行为的方式有：

_____

_____

应对挑战性行为的建设性方式有：

_____

_____

伊索贝尔的父母仔细想了想，伊索贝尔无视自己的责任，对他们说话粗鲁，有时甚至很粗暴，她最终到底得到了什么。他们意识到，自己的反应可能会使问题变得更严重。随着伊索贝尔变得越来越目中无人、越来越暴躁，他们对她的要求越来越少。她通过做出挑战性行为成功地回避了父母希望她做的事情。鉴于此，他们制订了以下应对伊索贝尔的行为的计划。

- 伊索贝尔和她的父母列了一张清单，上面写着她希望参加的特别活动和希望有机会做的事情。每周，伊索贝尔只要满足了冰箱门上贴着的纸上列出的所有期望，就可以从清单中选择一项活动。清单内容包括和朋友一起逛商场或看电影，以及买一件新衣服。

- 伊索贝尔和她的父母还列了一份特权清单，其中包括打电话、使用电脑和看电视。伊索贝尔和她的父母过去认为这些是伊索贝尔应得的权利，但现在他们将其明确规定为可被剥夺的特权。
- 伊索贝尔获得这些特权的前提是她满足行为期望：自己打扫卫生、对家人说话有礼貌、按时回家、与家人一起吃晚餐、完成指定的家务以及在白板上记录自己的行踪。

伊索贝尔的父母意识到，伊索贝尔很可能会考验他们，看他们是否会贯彻执行新的规定，尤其是因为他们过去对待她的方式并不一致。在应对伊索贝尔的问题时，他们需要保持冷静和专注，确保计划能够得到始终如一地执行。伊索贝尔的父母需要互相鼓励，以度过最初的几天（也许是几周）。改变行为模式是极其困难的，但他们相信，只要能够坚持执行计划，伊索贝尔的行为终将有所改善。

改善生活　在制订关于应对孩子的行为的计划时，我们要定期回顾更宽泛的目标，确保我们正在解决可能会对孩子的行为产生影响的生活方式问题。

■ 你怎么看？■

在伊索贝尔的生活中，我们可以做出哪些改变，从而改善她的行为？

_____
_____
_____
_____

由于伊索贝尔已接近可以做兼职工作的年龄，而且她似乎渴望从父母那里获得极大的自主权，因此他们决定帮助伊索贝尔探索就业的可能性、她可能喜欢的工作类型以及工作所需承担的责任。他们希望把可靠性与特权之间的联系扩展到伊索贝尔感兴趣的领域。

实施计划　一旦我们为孩子制订了积极行为支持计划,我们就要考虑如何启动和执行该计划。我们应该与孩子和其他照顾孩子的人交流,获取可能需要的材料,寻找定期检验计划成功与否的方法,并在必要时调整或更改计划。

■你怎么看? ■

要将为伊索贝尔制订的计划付诸实施,需要采取哪些步骤(以及谁会负责执行该计划)?

_____

_____

_____

_____

伊索贝尔的父母知道他们必须明确新的期望、限制和特权,并始终如一地执行新规定。他们还知道他们需要把责任与更大的自由联系起来,以满足伊索贝尔日益增长的独立愿望。要使他们的计划取得成功,就必须做到以下几点。

- 伊索贝尔的父母与伊索贝尔签订一份书面契约,明确约定期望、特权和后果。
- 召开家庭会议,确保每个人都了解整个家庭的期望,并知道如何及何时使用白板。
- 西蒙娜每周六下午都会预留出时间,如果伊索贝尔达到了当周的目标,她就带伊索贝尔去商场、电影院或者伊索贝尔想去的任何地方参加特别活动。
- 伊索贝尔一家偶尔(每隔一周)聚在一起,聊聊各自的近况,讨论他们作为一家人是否实现了共同的愿景,并规划未来。

- 在伊索贝尔实现了几周的目标之后,她的父母同意与她商谈,为她创造更多的独立机会。

第五步:监控进展

通过定期监测孩子对现有计划的反应,我们可以迅速解决可能出现的问题,并做出必要的改变。监测结果包括追踪替代行为和挑战性行为发生的情况,监督计划的实施效果,并记录所有积极的结果(包括计划以外的积极结果)。

■你怎么看?■

伊索贝尔的父母应该如何监测计划的实施结果?

_____
_____
_____
_____
_____

伊索贝尔的父母意识到,经常反思计划的进展情况并根据需要对计划进行调整至关重要。除了与伊索贝尔沟通以及全家人一起交流以外,他们决定通过定期的非正式聊天与伊索贝尔的老师和朋友保持联系。他们还决定每周至少单独交流一次,以便更好地沟通他们的想法、解决问题并确保一致性。他们决定在讨论计划和结果时问自己以下问题。

- 伊索贝尔与他们及其他家庭成员相处得如何?
- 伊索贝尔是否满足了所有的期望,包括告知家人她参与的活动和行踪?
- 他们是否一直在实施后果管理?

- 当伊索贝尔达到预期目标时，他们是否给予了她更多的自由？
- 伊索贝尔是否恰当地表达了自己的想法？
- 家庭的总体氛围是否有所改善？

伊索贝尔的成果

伊索贝尔勉强接受了新的家规，并参与了有关家庭事务进展情况的讨论。起初，她只在父母或玛丽亚提醒时才会收拾个人物品并完成指定的家务（家里的每个人每天都要这样做）。后来，伊索贝尔主动承担起监督家庭成员做家务的责任，经常催促兄弟姐妹收拾房间和个人物品。这导致了整个家庭的冲突，伊索贝尔的戒备心变得越来越强。在一次家庭会议上，他们一致同意，为了避免发生令人不愉快的冲突，每位家庭成员在打扫完自己的房间或做完家务后就在家庭日历上打钩。

伊索贝尔在第一周和家人吃了几次晚餐，但她次次都与他人争论不休，态度粗鲁。结果是，每次吃完晚餐后，她的特权都被取消了。她变得相当不高兴，大声说父母有毛病，他们不能强迫她做任何事情。等伊索贝尔平静下来后，父母提醒她，不仅要参加聚餐，还要积极与家人交谈，待人要和善。失去了几天特权后，伊索贝尔用餐时的表现有所改变。她的话不多，但只要有人跟她说话，她就会回应。几周后，当伊索贝尔在用餐和打扫卫生方面都满足了期望时，她的父母找她谈话，肯定了她的进步，并为她提供了一项额外的活动，使她获得了更多的自由。

伊索贝尔的父母与她打交道的方式也发生了改变。他们常常发现自己必须深吸一口气，事先想好要说什么，开口时才不会过于直白或苛刻。伊索贝尔开始积极回应这些变化。随着时间的推移，伊索贝尔的父母发现，虽然他们仍然会遇到一些麻烦，但总体来说，他们对待伊索贝尔的态度和与伊索贝尔的关系都有所改善。

让伊索贝尔的父母感到惊喜的是，伊索贝尔觉得在冰箱门上贴着的白板上记录自己的活动和行踪并不困难（可能是因为该规定适用于每一个人，也可能是因为她觉得这比被父母盘问要好）。一家人发现，当他们在餐桌旁分享一天的经历时，记录的这些活动会引发新的、更积极的讨论。此外，伊索贝尔还参加了社区演出。在晚餐时间，她分享了自己的经历，她的家人观看了演出，每个人都感到很愉快。

在计划实施了几个月后，伊索贝尔大体上能够按要求行事。当她和家人相处融洽时，她很享受所获得的额外的自由。伊索贝尔偶尔也会错过回家的时间或与父母发生冲突，但失去了一两天特权后，她会再次做出更恰当的行为。家庭讨论还引出了伊索贝尔和她的父母关心的其他一些问题。大家都能够用要求伊索贝尔拥有的那种冷静的态度讨论一些激烈的话题。虽然这些讨论并不总是令人愉快的，但其中的一些讨论仍然是有益的，这与过去的情况相比着实有了很大的改善。伊索贝尔的父母有时发现，在她的特权受到约束时，很难对她实施监督，但他们一致认为，多付出一些努力是值得的，因为他们可以看到伊索贝尔的挑战性行为正在减少。

总体来说，伊索贝尔的父母感觉到家里的情况有所改善。他们都更放松了，这可能是因为他们现在有了应对伊索贝尔的行为的计划。伊索贝尔的父母之间的冲突也减少了，因为他们在管教孩子的理念上达成了一致。伊索贝尔的兄弟姐妹表示，他们希望一家人能有更多的时间在一起，甚至伊索贝尔本人似乎也喜欢上了这种新的家庭互动方式。

第 9 章　迈克尔的故事

迈克尔是一个9岁的男孩，他乖巧可爱，尊敬师长，笑容灿烂，乐于倾听妈妈德博拉、同学和老师的意见。他喜欢看电影、玩桌游和用乐高积木搭东西。迈克尔有些害羞，与人打招呼时总是眼帘低垂，声音轻柔。此外，迈克尔还患有哮喘，幼年时发作比较频繁，现在只是偶尔发作。迈克尔随身携带药物吸入器，如果因为运动或天气剧变而感到呼吸困难，他就需要使用它。

迈克尔被确诊为学习障碍，主要表现为阅读能力和组织能力低下，因此，他在学校接受了特殊教育支持。他每天的大部分时间在普通教育教室里度过，但在上语文课时，他会去一间为有特殊学习障碍的学生创建的资源教室。迈克尔很难跟上所在年级的学习进度，因此他需要接受特殊教育老师的课外辅导。这种辅导似乎起作用了，获得接受特殊教育的资格后，迈克尔在去年首次取得了进步。在放学后或晚上做作业时，如果有妈妈在旁边辅导他，迈克尔就可以慢慢地、吃力地完成作业。然而，做家庭作业往往花费很长时间，这使母子俩都感到很沮丧。

迈克尔5岁时，他的父母就离婚了。德博拉拥有迈克尔的主要监护权，她在当地的一家诊所当护士。她有耐心、有爱心、性格温和。她努力让迈克尔的生活尽可能轻松。德博拉还试图同时扮演母亲和父亲的角色，并通过极为宽松的管教方式来过度补偿迈克尔在生活中遭遇的困难。过度关注迈克尔的需求往往意味着德博拉忽视了自己的需求（比如，她很少花时间见朋友）。她经常向迈克尔道歉，并为自己无法满足他的全部需求而感到内疚。迈克尔的父亲菲利普偶尔会去看他，但并不参与他的日常生活，也不参与关于他的成长的决策。菲利普被动而随和，在性格上与迈克尔非常相似。

德博拉在诊所的工作时间是从上午9点到下午4点，早上可以送迈克尔去上学，下午5点半之前就可以回家做晚餐，和迈克尔一起用餐。共进晚餐对他们俩来说非常重要。迈克尔晚上做完作业后会玩电脑、看电视，还会用乐高积木搭建复杂的建筑模型。迈克尔和德博拉通常一起过周末。迈克尔很乐意帮她做家务和跑腿。他很少参加社交活动，但当他和其他孩子在一起时（比如，在学校、当地的公园），他能得到他人的喜欢和接纳。迈克尔喜欢待在自己的家里，周围熟悉的事物使他感到舒服。他不喜欢变化或时间限制，也不愿意尝试新事物。

迈克尔最大的问题出现在活动过渡阶段。对他来说，结束一项活动，转而参加另一项活动非常困难。迈克尔小的时候，总是最后从幼儿园出来，或者在朋友聚会或生日聚会上最后离开。他总是迟到，因为他喜欢磨磨蹭蹭，而不是利索地穿好衣服准备出发。在这种时候，德博拉似乎总是会纵容迈克尔，她并不认为拖拉、迟到是大问题。她觉得作为单亲家庭的孩子，迈克尔需要她在生活中营造宽松的氛围并给予足够的耐心。当她做兼职时，迈克尔的行为并没有对她造成太大的干扰。德博拉认为，迈克尔从一个地方（或活动）转到另一个地方（或活动）需要很长时间，是因为他还小，容易沉浸在当前的活动中。然而，从她开始从事全职工作以来，迈克尔的行为就开始干扰家庭的日常生活，尤其是在工作日的早上。

上学前的早上总是问题多多。通常情况下，德博拉会在出发前大约一个小时去迈克尔的房间叫他起床。她友好地告诉他该起床了，然后去洗澡。洗完澡后，德博拉回到迈克尔的房间，发现他还在睡觉。于是，德博拉打开迈克尔的收音机，告诉他再听一首歌，然后就得起床、洗澡。随后，德博拉通常会去厨房煮咖啡，大约5分钟后再回到他的房间，发现他还躺在床上。这时，德博拉开始感到恼火，有时会摇醒迈克尔，告诉他"马上起床"。待到德博拉回自己的房间换好衣服再回来时，发现迈克尔仍然躺在床上。

此时，德博拉正为上班要迟到而焦虑不安。她提高嗓门，疯狂地把迈克尔从床上拽起来，推进浴室，大声喊道："抓紧时间，不然我们拼车就要迟到了！"或者威胁他说："你要是迟到了，今天我就不送你去上学了。"从德博拉第一次叫迈克尔起床到现在，大约过了30分钟。当迈克尔终于洗完澡时，德博拉已为他准备好早餐。如果迈克尔上学前吃得不好,她就会很内疚。过了15分钟,迈克尔终于穿戴整齐准备上学了,但这时已经赶不上拼车了。

迈克尔每周总有好几天错过拼车上学的时间。最后,德博拉只好开车送他去学校,迈克尔则在车里吃早餐。当德博拉质问他早上的行为时,他道歉并表示会努力做得更好。德博拉在大多数的早上都会感到不悦和焦躁,上班也总是迟到。她的上司开始对她的频繁迟到表示不满,而参与拼车的其他父母也厌倦了来接迈克尔时被告知迈克尔还没准备好,德博拉自己开车送他去学校。德博拉开始害怕每一个工作日的早上,面对这些难题,她觉得毫无办法。

第一步:设定目标

PBS的第一步是设定目标,为我们的孩子和家庭设定更宏大的生活方式目标,并定义和优先考虑所关注的具体行为。

确定宽泛的目标

除了定义值得关注的行为以外,我们还要考虑为孩子和家庭实现哪些更宽泛的目标。更宽泛的目标并不局限于制止挑战性行为,还包括改善人际关系、创造机会和保持良好的情绪状态等。

■你怎么看?■

你会为迈克尔和德博拉设定哪些宽泛的目标?

_____
_____
_____
_____
_____

德博拉想了想，她希望实现的目标不仅与她和迈克尔的晨间常规有关，还与他们的整体生活有关。她设定了以下目标。

- 迈克尔能够培养起独立性和个人责任感，为早起去上学做好准备。
- 迈克尔和德博拉能够准时上学、上班和参加其他活动。
- 迈克尔和德博拉的关系更加和谐，冲突更少，尤其是在早上。
- 德博拉能够花更多的时间关注自己的需求，包括晚上与朋友外出。

定义挑战性行为

我们必须明确定义值得关注的行为，尽可能将其具体化，确保即使是偶尔与孩子接触的人也能识别出这些行为。我们应该在一开始就估计行为的频率（多么频繁）、持续时间（多长时间）和严重程度（多么强烈），以便日后能够对变化进行评估。请记住，行为是一个人所说或所做的任何事情。

■你怎么看？■

鉴于迈克尔和德博拉的情况，你认为迈克尔最值得关注的行为是什么？

行为：

_____

_____

描述：

_____

_____

频率、持续时间和严重程度：

_____

_____

德博拉意识到，迈克尔在一整天的活动过渡阶段都存在困难，但她最担心的是从起床到准备上学这个环节。她把这种行为称为磨蹭。

行为： 磨蹭

描述： 早上，迈克尔一直躺在床上，对德博拉明确提出的要求置之不理。迈克尔嘟囔着，把被子拉过头顶，并转向墙壁。随着妈妈一次又一次地提出要求，这些行为问题似乎变得更加严重了。

频率、持续时间和严重程度： 迈克尔每周有两到三次因磨蹭而错过拼车，这意味着德博拉必须开车送他上学，自己上班也会迟到。

确定行为是否真的需要干预

在设定目标的过程中，我们需要判断挑战性行为是否严重到需要干预。考虑一下挑战性行为的几大维度：这些行为危险吗？有破坏性吗？会扰乱环境吗？是令人厌恶的或是与孩子的发展阶段不相符的吗？

■ **你怎么看？** ■

查看迈克尔的挑战性行为的定义，根据挑战性行为的五个常见维度判断他的行为是否严重到需要干预。

危险：

_____

_____

破坏：

_____

_____

扰乱：

_____

_____

令人厌恶：

_____

_____

发展不适宜：

_____

_____

德博拉认为只有两个维度值得关注（参看表 9.1）。德博拉很清楚，迈克尔的行为并不危险、没有破坏性，也不令人厌恶。她不确定迈克尔的行为是否与他的发展阶段不相符，但与同事的讨论让她觉得迈克尔在起床并准备上学方面比大多数同龄人困难得多。

表 9.1　迈克尔的磨蹭行为的维度

	磨蹭
扰乱	迈克尔拒绝听从指令，这导致德博拉焦躁不安，不得不大喊大叫，并直接上手将他从床上拽起来。这种行为破坏了家庭的和谐，并以消极的方式开启了新的一天。如果德博拉一再上班迟到，她的工作可能也会受到影响。
发展不适宜	德博拉并不确定，但她认为，准备上学这样的责任是迈克尔这个年龄的孩子应该承担的。

第二步：收集信息

PBS 的第二步是收集信息，以便更好地理解孩子的行为。许多父母发现，他们可以通过观察孩子在不同情境中的行为（比如，行为发生在哪里、当时与谁在一起），与其他跟孩子互动的人交谈（比如，老师、医生、其他孩子的父母），以及记录孩子的行为（比如，写日记、在图表上做记号）来轻松获得这些信息。

确定收集哪些信息

必须找到有助于我们收集各类信息的方法，并确定使用这些方法的最佳途径。

■你怎么看？■

德博拉可能会使用哪些方法收集信息？

观察：
_____
_____

交谈：
_____
_____

记录：
_____
_____

德博拉意识到，即使挑战性行为只与她和迈克尔有关，她也能从他人的意见和参与中受益。作为单亲母亲，她认识到，完成漫长的信息收集过程并不现实，而且在这种情况下，这样的过程可能也没必要。她认为，为了更好地了解迈克尔的行为，最好选择以交谈和观察为主的策略，而不是记录。她的计划如下：

- **观察**：关注睡觉时间和活动过渡环节，尤其是工作日的晨间常规活动，看看哪些因素可能会影响迈克尔的行为，包括德博拉和迈克尔之间的互动（比如，她说了什么、做了什么，以及迈克尔如何回应）。考虑迈克尔前一天晚上睡了多久以及谁开车送他去学校（即是德博拉还是拼车的其他父母）等问题。观察迈克尔在周末和节假日早上的表现，那时他们不用早起去上班或上学。利用开车上班的时间思考在晨间活动中观察到的互动情况。
- **谈话**：德博拉决定与迈克尔谈谈，了解他对晨间常规的看法，以及他的行为对拼车上学和在校经历的影响。她与迈克尔的老师进行交谈，了解在学校里是否有什么情况导致他抗拒上学。她还向拼车的其他父母了解送孩子上学的路上发生的事情。收集完所有信息后，德博拉计划与一位好朋友谈谈，请她帮忙分析影响迈克尔的行为的各种因素。

- **记录**：德博拉决定不对观察结果做文字记录，因为她认为只要留心观察，与朋友一起讨论观察结果，给自己一些时间从沮丧中走出来，并认真思考迈克尔的行为的模式和目的，最终就能理解他的行为。

当德博拉与迈克尔交谈时，他告诉她在学校一切都好。然而，经过一番询问，他承认自己并不喜欢学校。德博拉问他原因，他说自己不喜欢去"轰隆隆"班（他对特殊教育班的称呼），因为这个班很无聊，对自己没有什么帮助。当她问及平日早上的情况时，迈克尔说他不知道为什么准备上学这么困难，他只知道自己宁愿和妈妈一起待在家里。

德博拉还与迈克尔的老师米勒进行了交谈。米勒老师告诉她，虽然其他孩子似乎都很喜欢迈克尔，但在吃午餐和课间休息时，迈克尔总是一个人待着，不太参与社交活动。米勒老师还说，迈克尔从不主动表现自己，其他孩子似乎也没有注意到他。他不愿意参加活动，似乎更愿意当旁观者，而不是参与者。当米勒老师督促他和其他孩子一起参加活动时，其他孩子都很欢迎他，他似乎也玩得很开心。米勒老师还告诉德博拉，迈克尔得到鼓励后才能在课堂上完成学校布置的作业，她经常需要提醒他抓紧时间。米勒老师说，她希望迈克尔能够更加努力地学习，而不需要这么多提醒。她还建议德博拉与特殊教育老师夏普谈谈。

德博拉把迈克尔对课程的看法告诉了夏普老师。夏普老师告诉德博拉，虽然她很喜欢迈克尔，他自己也很努力，而且从不惹麻烦，但她注意到迈克尔有时很难从普通教育班级过渡到她的班级，而且经常迟到，丢三落四。夏普老师解释说，在迈克尔上课期间，她班上还有来自三个不同年级的十二名学生。她努力使课程更加个性化，以满足每名学生的特殊需要，但无法给予他们太多一对一的关注。夏普老师还告诉德博拉，她为迈克尔开展的课后辅导非常有成效，他今年的学业进步在很大程度上得益于额外的个人辅导。她们约定另找时间面谈,更详细地讨论迈克尔的学业进展情况,以及德博拉如何在辅导他做家庭作业时提供最好的帮助,以避免冲突。

拼车的其他父母告诉德博拉,迈克尔在去学校的路上通常很安静,但当孩子或大人与他交流时,他也会回应。他们认为他只是早上起床困难,太累了,所以不愿意与他人交流。他们觉得他们的孩子似乎挺喜欢迈克尔的。

德博拉仔细考察了迈克尔的睡前常规和晨间作息。她发现迈克尔的睡前常规没有什么异常,而且他晚上睡得很好。迈克尔每晚通常睡十个小时左右,睡觉的时间也很规律,而且入睡很顺利。吃完晚餐后,他们一般会一起做家庭作业、遛狗,然后看大约三十分钟电视。德博拉注意到,虽然迈克尔并不喜欢做家庭作业,而且他们经常因此而感到非常沮丧,以至于互相大喊大叫,但迈克尔从不放弃,总是能够完成作业。做完作业后,迈克尔洗漱,然后上床,德博拉给他盖好被子。然而,德博拉观察晨间活动时发现,他们总是陷入同样的恶性循环——德博拉告诉迈克尔该起床了,迈克尔继续睡;德博拉提醒迈克尔,迈克尔还是不动;德博拉大叫,迈克尔不理睬;德博拉把他从床上拽起来,迈克尔终于去洗澡了,但洗得很慢;德博拉边吼边威胁,直到迈克尔准备好去上学;最后,德博拉又气又恼。

经过深思熟虑,德博拉发现,在她开车送迈克尔上学的早上,迈克尔需要提醒的次数似乎比较少,她的心情通常也不会那么糟糕。她还注意到,每逢周日,当他们必须早起去教堂时,迈克尔起床有些困难,但远没有上学时那么难。周日,她通常只需要提醒和催促几次,迈克尔就能做好准备。她也不用那么早叫他起床,因为他一般在周六晚上就洗了澡。她通常会为他们俩准备一大桌热乎乎的早餐,有时他们也会在去教堂的路上吃早餐。起床时,迈克尔经常央求德博拉让他和她一起参加主教堂的礼拜,而不是和同龄的孩子们一起去青少年班。如果德博拉同意迈克尔和她在一起,迈克尔通常更容易做好出门的准备。

第三步：分析模式

PBS 过程的第三步是总结我们掌握的情况。我们利用收集的信息确定挑战性行为及其周围环境的运作模式。我们可以用一句话或一小段话来概括孩子的行为模式。

■ 你怎么看？■

根据德博拉收集的信息，你觉得哪些模式影响了迈克尔的行为？

当_____
发生时，迈克尔会_____，
从而获得/回避_____。

德博拉与一位朋友讨论了她从不同的人那里收集的信息，以及对迈克尔睡前和晨间活动的观察。德博拉思考了迈克尔的行为模式，得出了一些结论。他的磨蹭行为最常发生在上学的早上，但在德博拉开车送他上学的日子，磨蹭行为没有那么严重。在时间压力较小、一天的活动都在家里进行或他们两人一起做事的日子里，他也不太磨蹭。迈克尔的磨蹭行为似乎使他从德博拉那里获得了更多的时间和关注，他因此经常能在德博拉的陪伴下去学校，这使他避免了从起床到去学校的不愉快过渡。

德博拉意识到迈克尔在学校里遇到了很多问题和困扰，他可能想逃避那些令他不愉快的情境。在考虑了相关的环境和行为模式后，德博拉对迈克尔的挑战性行为做了如下总结。

"当我给迈克尔下达准备上学的指令时，他故意不回应我，想以此获得我更多的关注，同时逃避（或推迟）上学。这个磨蹭的问题似乎与他在学校里面临的社交和学习困难有关。"

第四步：制订计划

PBS 的第四步是利用我们在第二步、第三步中得到的信息，制订应对孩子的行为的计划。

干预的内容、地点和时间

在确定具体如何应对孩子的行为之前，我们需要考虑现在亟须处理的是那些行为，以及我们打算在何时、何地进行干预。

■你怎么看？■

德博拉的计划应该针对哪些行为（如特定行为、一般行为）？
_____
_____

德博拉应该在什么时候解决问题（如全天、特定时间）？
_____
_____

她应该把重点放在哪里（如家庭、学校、社区）？
_____
_____

虽然迈克尔在活动过渡方面普遍存在问题，但德博拉认为，当务之急是帮助迈克尔意识到在早上按时做好上学准备的重要性。

如何干预

关于处理孩子的行为的综合性计划包括各种策略，涉及预防挑战性行为的发生、以更恰当的行为替代挑战性行为以及管理行为后果等步骤。

预防挑战性行为发生 一旦父母知道了引发孩子做出挑战性行为的因素，他们就可以改变环境（比如，回避引发挑战性行为的事件），从而帮助孩子做出更恰当的行为。

■你怎么看？■

什么促使迈克尔做出这样的行为？
_____
_____

为了防止挑战性行为发生，德博拉可以怎么改变环境？
_____
_____

避免陷入困境：
_____
_____

改善艰难困境：
_____
_____

增加辅助良好行为的提示：
_____
_____

迈克尔在早上上学前会遇到一些问题，尤其是当除德博拉以外的人开车送他上学时。以下是德博拉想出的尽力预防问题出现的策略。

- 与夏普老师和米勒老师会面，确定迈克尔与学习障碍有关的需求能否在普通教育班级的语文课上得到满足，而无须去特殊教育资源教室。
- 帮助两位老师制订目标和计划，鼓励迈克尔与其他孩子建立友谊，并支持他更快地完成作业（比如，让他与兴趣相投的同学结成搭档，让同学帮助他整理上课需要的东西）。
- 与主日学校的老师交流，确保她了解迈克尔在阅读方面的不足，并知道如何有效地支持和接纳他。分享迈克尔在学校使用的阅读策略。
- 在米勒老师的协助下，鼓励迈克尔在学校与其他学生社交，邀请他们来家里玩，或让迈克尔与他们一起参加校外活动。
- 定期与拼车的孩子们一起规划社交活动。
- 在没有时间压力的情况下，如周末参加活动时，给予迈克尔更多的特别关注。
- 让迈克尔晚上洗澡，为早上腾出时间。
- 确定清晰的晨间常规和明确的期望。例如，迈克尔的闹钟在早上七点半响起；德博拉花五分钟时间叫他，确保他起床；迈克尔要穿好衣服、梳头、刷牙；然后在八点准时下楼，准备和德博拉一起吃早餐。

替代行为　除了预防困难情况的出现以外，我们可以且应该教孩子以恰当的、积极的方式表达自己的需求和面对困难。

■**你怎么看？**■

迈克尔目前在做什么令人担忧的事情？
_____
_____

德博拉更希望他做什么？
_____
_____

迈克尔上学前会花很长时间做准备，所以他总是迟到，经常需要德博拉抽时间送他去上学。迈克尔似乎很喜欢让德博拉开车送他，她的唠叨使迈克尔得到了更多的关注，尽管这种关注往往是负面的。

德博拉希望迈克尔在没有太多指令的情况下就能起床，做好上学准备。她还希望迈克尔能以恰当的方式提出与她在一起的要求，并合理安排时间（比如，"我知道我们现在时间很紧张，但我们今晚能一起玩桌游吗？"）。此外，与迈克尔打交道的成年人一致认为，他需要培养主动发起和完成任务以及与其他孩子互动的技能。

管理后果 为了以更积极的行为取代挑战性行为，我们需要管理孩子的行为的后果，让孩子因做出积极行为而非挑战性行为得到奖励。

■ 你怎么看？■

迈克尔通过自己的行为获得了哪些结果？

迈克尔获得了……
_____
_____

迈克尔回避了……
_____
_____

德博拉应该如何回应他的行为？奖励积极行为的方式有：
_____
_____

应对挑战性行为的建设性方式有：
_____
_____

德博拉将采取以下措施来奖励积极行为。

- 当德博拉发现迈克尔独立做好上学准备时，她会表扬和鼓励他（比如，"哇，真快，你今天早上效率真高！"），尤其是在新计划实施的头几周里，她会在他准备出门时抓住机会，尽可能多地说些好听的话。
- 如果迈克尔能像"预防"部分描述的那样按时做好准备，那么德博拉就会给他做一顿热腾腾的早餐，并在送他上学前和他一起做十分钟的活动（比如，玩游戏、散步）。

- 如果迈克尔一整周都能按时做好上学准备，那么他就可以在周末选择一项活动与德博拉一起做。德博拉会在接下来的一周里额外找一天开车送他去学校，但选择的日子不能与她的工作时间冲突。
- 其他拼车的父母会鼓励自己的孩子在接到迈克尔时热情地和他打招呼，并在车里为他准备一个他最喜欢的玩具。
- 夏普老师每周都会与迈克尔见面，讨论他的目标进展情况，并就他完成作业的速度以及与同学互动的情况提供反馈。如果迈克尔每周都有进步，夏普老师就会给他一张家庭作业豁免券，接下来的一周，他可以用这张券免做一项作业。

德博拉将采取以下措施来应对挑战性行为。

- 如果迈克尔没有满足德博拉向他说明的期望，耽误了时间，那么德博拉就会减少对他的关注，直到他做完该做的事（比如，不再试图哄他或催促他，让他快点儿）。这种方法同样适用于学校场景。
- 如果迈克尔没有按时做好准备，那么德博拉就会给他一根燕麦棒或谷物棒，让他在车上吃。不管他当时处于什么状态，都会把他送出家门去拼车。

改善生活 在制订关于应对孩子的行为的计划时，我们要定期回顾更宽泛的目标，确保我们正在解决可能会对孩子的行为产生影响的生活方式问题。

■ **你怎么看？** ■

在迈克尔的生活中，我们可以做出哪些改变，从而改善他的行为？

_____

_____

_____

德博拉认为，迈克尔可以通过与他人建立关系来改善他现在的生活，尤其是与其他孩子建立关系。目前，她是迈克尔选择的唯一的互动对象。德博拉决定更加重视与其他家庭发展关系，让她和迈克尔都能获得友谊。她意识到，除了教堂活动以外，他们俩通常都在家里度过工作和学习以外的时间。为此，她决定他们两人每月至少一起参加两次社交活动，努力在生活中结交更多的朋友。

实施计划 一旦我们为孩子制订了积极行为支持计划，我们就要考虑如何启动和执行该计划。我们应该与孩子和其他照顾孩子的人交流，获取可能需要的材料，寻找定期检验计划成功与否的方法，并在必要时调整或更改计划。

■ 你怎么看？■

要将为迈克尔制订的计划付诸实施，需要采取哪些步骤（以及谁会负责执行该计划）？

_____
_____
_____
_____
_____

在一个周六的下午，德博拉花了一些时间和迈克尔谈了谈她的担忧，并向他解释了这项计划。迈克尔担心记不住新的规定，德博拉同意每天早上醒来就会提醒他，睡前还会再提醒他一次。德博拉准备了一份文字材料，上面列出了对迈克尔的期望以及迈克尔满足这些期望后能够得到什么，便于他随时查阅。他们还讨论了可以一起开展的特别活动以及迈克尔有兴趣结交的朋友。德博拉联系了米勒老师，米勒老师证实，迈克尔在名单中列出的某个孩子很可能会和他成为朋友，只要给予双方适当的鼓励。确定了结交的对象后，米勒老师同意联系这个男孩的父母，看看德博拉是否可以拿到他们的电话号码。德博拉拿到联系方式后，给男孩的父母打了电话，并计划在放学后或周末把这两个男孩聚在一起。她还决定和拼车的其他父母说一下自己的计划，以防哪一天迈克尔上车时一副刚起床的样子。她给了其他孩子的父母一小包乐高玩具，让他们放在车里，并请求他们在接到迈克尔时专门跟他打个招呼。

德博拉再次与迈克尔的老师们进行了交谈，请求他们重新考虑迈克尔接受特殊教育服务的具体方式，调整他的学业目标，并围绕计划的有效实施讨论了家校应如何沟通。他们把具体的策略列在家长会记录表上，德博拉还拿了一份副本，准备与迈克尔的主日学校的老师分享。

第五步：监控进展

通过定期监测孩子对现有计划的反应，我们可以迅速解决可能出现的问题，并做出必要的改变。监测结果包括追踪替代行为和挑战性行为发生的情况，监控计划的实施效果，并记录所有积极的结果（包括计划以外的积极结果）。

■你怎么看？■

德博拉应该如何监测计划的实施结果？

_____
_____
_____
_____

德博拉决定，到达诊所后在专用的日历上记下当天早上的情况。她想随时掌握计划的实施情况，并尽可能始终如一地执行计划。德博拉记录下迈克尔是否按时做好了准备，是否吃上了早餐，是否参加了特别活动。她还在日历上记下了迈克尔与朋友聚会的日期。德博拉请夏普老师每周通过电子邮件反馈迈克尔在学校的表现，并特意向拼车的其他父母了解迈克尔与他们及他们的孩子相处的情况。每个周日的早上，德博拉和迈克尔吃早餐时都会谈论家里和学校里发生的事情和开展的活动。

迈克尔的成果

迈克尔对新计划的反应良好。他开始更快地起床，并能在合理的时间内做好上学准备。计划实施的第一天，在迈克尔做准备的过程中，德博拉几次走进他的房间，对照着柜子上的计划文件，对他的进步给予了积极的评价。然而到了第二天，德博拉在迈克尔准备出门时接到了她哥哥打来的电话。这通电话打乱了原定的时间安排，导致他们没有时间去做迈克尔争取来的特别活动了。德博拉告诉迈克尔，他们可以在放学后再做这项活动，但迈克尔在上车离开时还是相当不高兴。次日，德博拉不得不多次催促迈克尔，最终他按时做好了出发的准备，但没来得及吃热乎的早餐，迈克尔还对德博拉说，这项计划太愚蠢了，而且她根本就没想和他一起做活动。

德博拉反思了这通电话对迈克尔的行为产生的影响，以及她执行计划的连贯性。她意识到，早上经常会发生一些令她分心的事情（比如，电话、要做的家务），这使她无法顾及迈克尔的需求。因此，她决定尽量不接电话，把非必要的家务留到其他时间做，并尽可能在前一天做完自己的事情（比如，洗澡），以此减少干扰。

德博拉和迈克尔的老师们聚在一起讨论了在学校里可以做出的教育方面的改变。他们认为，夏普老师可以在语文课上向米勒老师展示如何使用一些特殊策略帮助迈克尔，她还可以在课后辅导中继续给予迈克尔个性化的帮助，这似乎是最有效的干预措施。

迈克尔的老师们为他做出了一些调整（比如，减少拼写单词的数量；给他安排一位阅读伙伴帮助他；允许他在上阅读课的前一天把书带回家，让他妈妈读给他听），迈克尔得以留在普通教育班级上语文课。米勒老师特意安排迈克尔与其他学生结成搭档，并鼓励他多与同学交流。

迈克尔的老师们给德博拉提了一些帮助迈克尔完成家庭作业的建议。他们调整了迈克尔的家庭作业，将其改成对已学课程的复习，这样，做家庭作业的时间就可以被用来巩固他所学的技能。他们建议迈克尔阅读一些低于其实际阅读能力几个年级的书，使他将阅读视为一件轻松有趣的事情。他们推荐了一些趣味性高、难度低的章节书，这些书对迈克尔来说相对容易阅读，在以同伴为中心的阅读小组中也不会显得格格不入。

德博拉试图帮助迈克尔与一名同学建立友谊，但始终未能成功。不过，有一对拼车的父母遇到了一些经济困难，需要延长工作时间。德博拉同意在自己的时间允许的情况下，在下午帮忙照看他们的儿子——如果不是为了鼓励迈克尔建立友谊，她通常是不会这样做的。起初，她担心迈克尔认为这样会影响他们两人相处的特殊时光，不过，虽然迈克尔一开始不太乐意，但他还是接受了这个新的安排。德博拉会带着孩子们做一些活动和游戏，然后找个借口离开，让孩子们继续玩耍。很快，他们就成了朋友，并开始期待下午相聚的时光。随着友谊的加深，迈克尔晚上也开始去那个男孩家玩，这使德博拉有了自己的空闲时间，甚至有机会出门走走了。

总体来说，迈克尔和德博拉都更开心了，他们的晨间常规活动也进行得更顺利了。迈克尔说他更喜欢上学了，觉得做家庭作业也变得更令人愉快了，还结交了一个新朋友。德博拉也能够抽出一些时间来做自己的事情，拓展自己的社交圈，参加自己喜欢的活动了。

第四部分　通过积极行为支持改善生活

让积极行为支持为家庭服务

本书的第一部分、第二部分介绍了如何利用PBS更好地理解孩子的行为背后的原因，以及如何制订切实可行的策略来支持孩子做出更恰当的行为。第三部分的故事详细描述了实施PBS的步骤，以及家庭在解决行为问题时所面临的一些更复杂的考虑因素。这三个部分包含各种各样的案例，展示了面临的行为问题和所处的家庭环境截然不同的孩子们的发展情况。总之，我们学会了如何：

- 设定改变孩子的行为的目标，以及改善孩子和家庭的整体生活品质的宽泛目标。
- 定义挑战性行为并明确替代这些挑战性行为所需掌握的技能。
- 收集信息，以便更好地理解孩子的行为背后的原因。
- 总结模式，包括可能会影响孩子的行为的环境和行为带来的结果。
- 制订策略，预防挑战性行为的发生，教授更恰当的行为，并有效管理积极行为和挑战性行为的后果。
- 监控进展，确保策略有效，并在必要时做出调整。

PBS是我们的育儿方法的重要基础，也是指导我们与孩子互动的框架。在阅读和实践本书内容的过程中，我们可能会发现，PBS的原则和过程不仅对有挑战性行为的孩子有用，对每个家庭成员也都有用。任何渴望成功改变自身行为或生活的人都能从这种富有创造性的解决问题的过程中受益。

虽然 PBS 看起来是应对行为问题的最佳方法，但我们在阅读前面三个部分时可能会抱有一丝怀疑。这种怀疑具有积极意义，因为质疑新观点总能使人获益匪浅。对于如何使 PBS 在我们的家庭和生活中发挥作用，我们可能心存诸多顾虑，具体表现为以下几种形式。

- "整个过程看起来很烦琐，而且每次出现问题时，我都得这样从头走一遍吗？"
- "如果有不止一个孩子做出挑战性行为，我该怎么办？"
- "PBS 似乎专注于解决问题。这是否意味着我们要等孩子出了问题再行动？"
- "我们不可能总是待在孩子身边。难道不应该让他们为自己的行为负责吗？"
- "我当然知道自己应该怎么做，但要做到始终如一，实在太难了。"
- "我努力按照计划行事，但我的家人和朋友却给我添乱。"

第四部分的目标是：（1）介绍如何将 PBS 融入我们的家庭和生活；（2）回应前面提到的一些顾虑，从而帮助我们克服障碍，尽可能高效和有效地运用 PBS。第四部分分为两章。第 10 章介绍了如何构建积极的家庭结构，如何解决与特定的情境或常规相关的问题，从而将 PBS 融入我们的家庭生活。第 11 章的重点是让 PBS 大获成功，并致力于教孩子对自己负责、利用 PBS 过程改变我们自己的行为，以及在生活中找到与每个人有效合作的方法，以实现积极的改变。

由于无法在单个章节中全面阐述所有的这些主题，因此我们为本书编写了一本配套书籍，名为《帮助你的家庭茁壮成长》（Hieneman et al., 2022）。本书主要侧重于在孩子做出挑战性行为时运用 PBS 来应对它们，配套书籍则侧重于积极主动地将 PBS 策略融入家庭生活，使所有家庭成员都能独自或共同发挥出最佳的状态。

第 10 章　将积极行为支持融入家庭生活

正如前文所述，PBS 是理解和应对孩子的行为的有效方法。然而，PBS 并非仅适用于个别孩子。它已被更广泛地应用于改善整个群体的行为，这在全校性积极行为干预与支持（positive behavior interventions and supports, PBIS）中得到了充分证明——该项措施已在美国及其他地区超过 29000 所学校中成功实施（OSEP 积极行为干预与支持技术援助中心，2020）。传统的学校纪律管理方法往往是被动反应式的，且惩罚性日益增强，有

> **可下载资源**
> 在阅读本章和开展相关活动时，本书的工作手册中的以下资源可能会对你有帮助。
> - 家庭的愿景与期望
> - 构建你们的家庭
> - 应对行为
> - 解决情境和常规中的问题
>
> 第 10 章的这些资源均可下载。

时会导致具有挑战性行为的孩子被停学或接受其他安置。与此相反，全校性 PBIS 已被用于营造更积极的校园氛围，并通过协作、主动预防和问题解决导向的实践来改善全体学生的行为表现。在采用这种方法的学校中，学生受到的纪律处分更少，学生的社交能力和学业成就更高，学生和教师普遍感觉环境更加舒适（Bradshaw et al., 2010, 2012; Horner et al., 2009）。欲了解有关 PBIS 的更多信息，请参看书末的"参考文献"。

虽然我们可能并不想按照学校的结构模式来组织我们的家庭，但我们可以从全校性 PBIS 中吸取经验，即这些原则可以用于改善群体的行为运作方式，这对家庭来说尤其有用。如果能够根据家庭生活的独特需要和优先事项进行调整，那么 PBS 的原则和过程就可以用于整个家庭，从而最大限度地减少问题的出现，全面改善家庭生活。

PBS 之所以能为家庭带来希望,是因为它是一个灵活的问题解决框架,基本上适用于任何情境,可以指导和评估我们应对行为的方式。然而,需要注意的是,PBS 既不能涵盖有效育儿所需掌握的一切知识,也不能取代育儿书籍中关于如何设计我们的家庭、如何解决我们与孩子相处时面临的问题的智慧(参看书末的"参考文献"中的"育儿资源"部分)。相反,PBS 应被视为一种选择和整合我们所接触的所有理念的方式。PBS 根据我们家庭的情况、需求、优先事项和目标,为我们提供了一个做出明智决策的框架。

第 10 章展示了如何将 PBS 的原则应用于家庭生活(以全校性 PBIS 的结构为指导)。仅凭一章的篇幅不可能完全阐述清楚这个主题,本章旨在提供一个基本框架和一些初步思路。关于这一主题更深入的讨论,请参看配套书籍《帮助你的家庭茁壮成长:积极行为支持育儿实用指南》。

本章各部分将指导读者如何构建家庭、如何应对孩子的行为,以及如何运用 PBS 过程解决与特定情境或常规相关的问题。本章还将提供一些实例来阐明这些内容。

构建我们的家庭

将 PBS 应用于整个家庭,似乎是一项严峻的挑战,甚至比将它应用于改善个别孩子的行为还要复杂。然而,实际情况恰恰相反。从长远来看,将重点聚焦于整个家庭更易于操作,也更加高效。与其等到问题出现时再去解决,不如做一些有利于整个家庭的总体性改变。我们不必等到家里混乱不堪或孩子快把我们逼疯了的时候再行动,我们可以积极主动地规划自己的生活并调整与孩子互动的方式。如果我们能够针对周围的环境和应对行为挑战的方式做出一些切实可行的改变,我们就能够预防很大一部分挑战性行为的发生,并能够在问题出现时更高效地处理。我们可以通过三种方式将 PBS 融入家庭生活。

1. 确立家庭愿景和明确一致的行为期望。
2. 规划我们的家庭环境,以支持和促进这些期望的落实。

3. 以鼓励积极行为和抑制挑战性行为的方式应对各种行为。

确立家庭愿景和行为期望

明确关于行为的目标和期望对在学校里改善学生的整体行为（以及个人行为）至关重要。对家庭来说，道理也是如此。只有清楚自己想要什么，才有可能实现它。将 PBS 融入家庭的第一步是提出下列问题，确定我们希望家庭如何运作。

- "对我们这个家庭来说，什么是最重要的？"
- "我们如何看待自己的家庭？"
- "指导我们行动的原则是什么？"
- "我们喜欢家庭中的什么？"
- "我们想改变什么？"

在为我们的家庭勾勒愿景时，我们要把自己对这些问题的回答总结成一句话，以此描述我们心目中的理想家庭。例如，我们希望家庭幸福、兴旺、充满活力；我们希望家人之间和睦相处；我们希望每位家庭成员都能成为最好的自己。

我们的愿景是一份目标宣言。它界定了我们家庭的核心属性，并为我们评估生活满意度和识别潜在问题提供了参照标准。因此，在确立我们的愿景时，我们应听取全部家庭成员的意见，而不仅仅是成年人的意见，还要将我们家庭的特点和需求考虑在内（比如，孩子的年龄、我们居住的社区、个人的价值观和需求）。

基于这一愿景，我们可以为家庭设定行为期望。正如第 5 章所讲述的，孩子们有时行为失当，是因为他们不清楚我们的期望是什么，或者他们的注意力没有集中在应该做的事情上。当家庭明确期望和规则（即情境特定依联）时，这些期望就可以指导行动，并为所有的家庭成员设定行为界限。期望应该宽泛且适用于家里的每一个人，包括父母和孩子，并适用于每一种情境。

这些期望应该说明我们希望看到的行为，而不仅仅是应该规避的行为，并用清晰的语言描述每一种行为，以便所有的家庭成员都能理解。例如，一个家庭的期望可能是"作为这个家庭的一员，你将：（1）善待和尊重他人；（2）对自己和自己的事情负责"。

重要的是，我们要准确地定义期望中涉及的具体行为。我们可以问自己一些问题，比如，"家庭成员说了什么或做了什么才算满足了这些期望、遵守了这些规则？""家庭成员做的什么事可能意味着违背了这些期望和规则？"表 10.1 举例说明了家庭规则及其定义。

表 10.1　家庭规则及其定义的例子

期望	定义
善待和尊重他人	当他人跟你说话时，要认真倾听（比如，看着对方，保持安静，回答他们的问题，按要求做事）。 用语言交流，不要动手（比如，不要打人或推人，不要抢他人的东西）。 使用平和的语气和礼貌用语（比如，说"请"和"谢谢"，不要威胁、侮辱、吼叫或抱怨）。
对自己和自己的事情负责	自己的东西自己收拾（比如，把自己的鞋、作业和外套放好，把脏衣服放进洗衣篮里，用完餐后把桌子收拾干净，定期打扫自己的房间）。 完成家庭作业和日常家务（比如，倒垃圾、洗衣服、帮忙准备饭菜）。 犯错时，承认错误并承担相应的后果（比如，立即道歉，主动改正错误）。

除了要说明在大多数情况下适用于所有家庭成员的宽泛期望之外，我们可能还要向孩子说明在特定情况下遵守规则的含义——尤其是那些对整个家庭来说都很困难的情况。我们对行为的期望肯定会因所处环境和所做事情的不同而有所差异，这些差异应该得到清楚的解释。例如，我们可能需要定义在以下情况下，"善待和尊重他人"意味着什么。

- 吃晚餐时，每个人都必须正确使用餐具，在所有人都吃完之前必须坐在餐桌旁，并且在吃完晚餐之后，吃甜点之前，必须将盘子从餐桌上拿走。
- 如果你希望每天早上至少有十五分钟的洗漱时间，那么你需要在……（时间）之前起床，并根据每位家庭成员出门的时间顺序使用洗手间。
- 为了持续享受家庭出游时光，需要遵守以下规则：在餐厅内低声交谈，在商店里与家人同行，礼貌地回应他人的问候。

明确每位家庭成员的责任也是定义期望的一个重要方面。只要有可能，家务和其他维持家庭运转的活动必须由家庭成员共同承担。例如，确定由哪些家庭成员负责支付账单、购买物品、照顾宠物、打扫房间，等等，这很重要。明确责任后，家庭成员之间的冲突会减少，做事情的效率和一致性会提高。

仅仅确立期望和规则是不够的，还需要教授这些行为。我们可以通过以下方式教授家庭成员遵守规范：确保所有的家庭成员都清楚期望的具体内容和内涵，并根据需要，为家庭成员创造一起讨论和练习期望行为的机会（尤其是有幼儿的家庭）。例如，我们可以在用餐时或在家庭会议上讨论期望和规则，并要求孩子举例说明符合期望的行为和违反规定的行为。随着孩子的年龄的增长，讨论的问题可能会逐渐变得复杂，如家庭合作、人际关系和道德困境等。把我们的家庭愿景和/或期望写下来并张贴在家庭成员都能看到的地方（如冰箱门上），往往是有帮助的。如果家里有年幼的孩子，那么张贴一些图片来补充说明也许能使他们更好地理解具体内容（如张贴一张手牵手的图片以提醒孩子温柔待人）。

最重要的教授方式或许是我们自己以身作则——确保我们遵守自己设定的规则，并躬行实践我们希望在家庭中推广的行为。示范符合期望的行为是一种提出期望的微妙方式。例如，父母可以这样说："我最好先做完家务再看电视。"或者"我刚刚发脾气了，还大喊大叫来着。下次，我会先走开，冷静一下，然后再跟你说令我烦恼的事。"

教授完期望和规则后，我们必须时常提及它们、讨论它们，并在家庭成员遵守规则时表扬他们。特别关键的是，在进入已预料到的、对我们的家庭来说比较困难的情境之前，一定要重温这些期望和规则。

规划我们的空间与时间

在确立并阐明了我们对家庭的期望以后，我们就需要考虑我们的家庭组织方式是否有助于实现并始终符合这些期望。换言之，为了实现我们的愿景，为了更好地满足家庭成员的需求，鼓励积极的互动，以及/或者减少可能会引发挑战性行为的事物（如分散注意力的物品、杂物堆积），我们可能需要重新规划物理空间或调整日程安排。调整家居环境可能有助于预防很多需要我们处理的问题出现。虽然每个家庭的运作方式和风格不尽相同，但在两个方面做出调整有助于管理和组织好每个家庭：空间和时间。

■**活动**■　家庭的愿景与期望

你对家庭的愿景是什么？

_____

_____

_____

你为自己的家庭确立了哪些期望和规则？

_____

_____

_____

这些期望意味着你的家庭成员应该做什么，不应该做什么？

_____

_____

_____

每位家庭成员的责任是什么？
_____
_____

在不同的情况下，你的期望会有哪些不同之处？
_____
_____

你将如何向你的家庭成员传达和阐述这些期望？
_____
_____
_____

空间 我们如何规划家庭的物理空间，即我们周围的环境和物品（比如，家具、生活空间），一直是一个简单但并非显而易见的考虑因素。我们可能需要考虑家中物品的摆放方式是有助于还是有碍于家庭成员实现期望。我们的家居空间可以是井然有序的，也可以是自由随性的，这取决于家庭的优先事项。我们不妨考虑一下下面这些问题。

- 是否设有日常用品专用存放区（比如，玩具收纳箱、书包和手提包挂钩、重要文件收纳盒、门边鞋架或鞋篮）？
- 每位家庭成员是否都拥有私人空间，包括独处区域和个人物品存放区？
- 是否建立了重要信息收集与管理系统（比如，电话信息、约会信息、收据、邀请函、家庭成员之间的通信）？
- 完成任务或活动所需的物品是否方便取用（比如，清洁用品集中存放在指定橱柜；做作业或记录电话留言用的纸笔放在客厅）？
- 是否划分了特定功能区域（比如，用餐区、学习区、会客区），各区域的空间布局能否满足活动需求？
- 家具的摆放是否便于父母进行适当的监督（比如，游戏区靠近厨房；孩子的朋友来访时，卧室门敞开；全家人都能使用电脑和电话）？
- 是否考虑并解决了安全问题（比如，儿童防护装置、保持门锁紧闭）？
- 家居布局是否有利于最大限度减少干扰（比如，学习区远离电话和入户门；家人交谈时关闭电视），从而避免影响家庭成员的活动？
- 是否妥善收纳非常用物品，并定期清理杂物（比如，将过季的衣物存放在阁楼上；将闲置的玩具装箱打包）？
- 禁止或限制取用的物品（比如，维修工具、清洁剂、化妆品、餐后甜点）是否被上锁保存、置于高处或明确标示禁用？

根据这些问题来规划我们的家居布置，可以直观地提醒我们对行为的期望，并减少对同类问题的反复纠缠（比如，"为什么沙发上有碎纸屑？""谁把鞋落在厨房里了？""你为什么不做作业而看电视？"）。

时间 管理时间指的是我们如何安排家庭日程和常规，并为活动设定时间限制。我们利用时间的方式可能是固定的，也可能是灵活的，这取决于家庭的价值观和需求。然而，许多孩子和家庭偏爱可预见的生活——知道什么时候应该做什么事情，由此带来的安心感可以为我们的家庭提供稳定性，使我们能够专注于当前正在做的事情，并为下一项活动做好准备。还有一点很重要，在繁忙的家庭生活中，有太多的活动交织在一起，稍不留神就可能会顾此失彼，合理安排时间可以帮助我们提高效率和效益。

处理时间问题的一种方式是为家庭成员制作活动时间表，通常围绕工作或上学、用餐、晚上必须回家的时间和／或睡觉时间来安排。日程安排的稳定性有助于我们规划一天的生活，确保每位家庭成员都能得到充足的营养和休息，也能让家庭成员在需要的时候到达该去的地方。例如，对孩子年幼的家庭而言，一天的安排可能涉及固定的用餐和甜点时间、午睡时间、讲故事时间、游戏时间、户外活动时间和学前教育活动。孩子较年长的家庭可能会围绕体育运动和其他课外活动、家庭作业以及孩子与朋友外出玩耍的时间，精心安排更灵活的日程。使用某种类型的共享日历（比如，电子日历、纸质日历、白板日历）通常会带来很大的便利。家庭成员可以记录外出和其他计划，从而确保每个人都知道谁在何时做何事。

除了我们的日程安排以外，我们还可以制作其他的时间表来管理我们的家庭生活。这意味着要确定家中的各项活动持续的时间或开展的频率。例如，我们可以：

- 规定一家人每周一起用餐的次数。
- 限制孩子参加课外活动的数量。
- 明确规定看电视、打电话和玩电脑的时间。
- 把邀请朋友来家里过夜或与家人共进晚餐的时间限定在一周中的特定日子里。

当然，有时为了营造家庭欢乐的气氛，适度打破这些限制也是可以接受的（比如，周末睡懒觉、为了有更多的时间游泳而推迟吃午餐、熬夜看烟花）。但总体而言，设定时间限制有助于避免安排过多的活动，防止给家庭带来压力，也能够使所有家庭成员的期望更加一致。

建立或改变常规是安排时间的一个重要特征。常规是可预测的活动序列，是我们做事的一般方式。大多数人都有自己的生活常规：晨间活动、准备饭菜、完成家务或作业、放学或下班回家、晚上睡觉以及其他一贯的日常活动。有效的常规可以帮助我们更高效地安排和利用时间，并确立家庭期望。不过，常规也有可能带来问题。例如，如果父母给自己设定的常规是在晚上回家后一边看电视，一边阅读邮件和休息，那么这种常规可能无法满足年幼孩子的需求，因为他们可能一整天都在期盼与父母相聚的时光。

当多位家庭成员同时忙于各自的事情时，建立常规就显得尤为重要。下面是一个家庭建立晨间常规的例子。

晨间常规：贝卡、马克、安迪、珍妮和卢克

母亲贝卡和上幼儿园的安迪在前一天晚上洗澡，这样，第二天早上就可以把浴室留给家里的其他人使用。到校上课时间最早的珍妮先洗澡，然后在自己的卧室里梳妆打扮。父亲马克早上出去跑步，所以卢克下一个去洗澡。马克回家的时候，卢克已经洗完了，这样，马克在上班前就有了足够的时间刮胡子和洗澡。贝卡等家里的其他人都准备好吃早餐时再叫醒安迪，这样，安迪就不会因为需要很多关注或帮助而影响大家的作息。贝卡把麦片、松饼和其他可供选择的早餐拿出来，并为安迪准备好早餐。珍妮和卢克一边准备自己的食物，一边照看安迪，贝卡则为自己出门做准备。每个人都要收拾好自己的餐具，放进洗碗机。吃完早餐后，每个人都要确保把自己这一天要用的所有东西放在门口。

一个家庭如何安排日常生活，往往会因各自的喜好不同而有所区别。例如，如果一个家庭追求宁静的氛围，那么他们可能会限制看电视的时间，而且不欢迎不速之客。如果一个家庭重视家庭凝聚力，那么他们可能会安排更多家庭成员共处的时间，比如，周末一起活动和用餐。如果一个家庭注重生活秩序感，那么他们可能会更有效地组织自己的空间，并规划更规律的日常作息。无论我们选择做出怎样的改变，只要我们仔细关注家庭的结构和常规，很多问题都是可以避免的。

■**活动**■　构建家庭

为了满足你们的家庭期望（鼓励积极行为并尽可能减少问题），你会如何规划你们的空间？

_____

_____

为了满足你们的家庭期望，你会如何安排你们的时间？

_____

_____

整体的日程安排：
_____
_____

时间限制：
_____
_____

每日常规：
_____
_____

应对行为

除了安排好家庭生活，推动期望行为的出现，并防止问题发生以外，帮助家庭成员满足既定期望还有一种很有效的方法，即对行为做出恰当的反应，从而鼓励符合期望的行为和遏制破坏规则的行为。当我们给出明确、一致的后果时，家庭成员就会明白，遵循期望和遵守规则是一种选择，而且可以控制其行为的积极结果和消极结果。我们可以借鉴第5章和全校性PBIS的内容，把其中描述的一些有关奖励积极行为和遏制挑战性行为的方法应用到整个家庭中。

鼓励家庭成员遵循期望　为家庭成员提供积极的反馈是支持和鼓励实现家庭期望必不可少的一部分。具体来说，这意味着当家庭成员遵守规定时，要给予肯定和奖励。制订一项鼓励恰当行为的计划对家庭很有益处，因为人们通常倾向于忽视恰当行为（历史上，人们更注重管教不当行为，而不是鼓励积极行为）。家庭成员可能需要具体讨论如何相互鼓励和支持，并持续关注每个人做出的贡献。我们可以采用以下三种方式来鼓励家庭成员遵循期望和遵守规则：(1)针对行为给予反馈和表扬；(2)将特权与恰当行为联系起来；(3)将奖励融入日常生活。

给予表扬仅仅意味着我们要对符合期望的行为给予肯定。例如，家庭中的每个人都可以养成互相感谢（或表扬）具体行为的习惯，比如，当有人帮忙做家务或善待其他家庭成员时，可以说"谢谢你的晚餐""你的卧室看起来非常干净、整洁，太棒了""我知道你在生我的气，但你控制住了自己的脾气，没有大喊大叫"。表扬的主要目的是使积极行为得到关注和反馈——其频率至少与纠正不当行为的频率相当，甚至更高。

特权包括我们为家人提供的除满足基本的衣食住行需求以外的一切。常见的特权有：零花钱；看电视和用电脑；乘坐交通工具；特别的活动、玩具和点心；免除家务。许多家庭会给做家务的孩子零花钱，但我们常常忘记我们提供的许多特权并不是理所当然的。许多特权（即使不是全部）必须与符合家庭期望的良好行为挂钩。遵循家庭的期望、遵守家庭的规则就能获得特权，违反规定就会被剥夺特权。我们可以通过快速回顾孩子近期的行为来决定如何回应他们对特权的请求。根据孩子当前的行为来决定是否同意他们对特权的请求，这种简单的做法可以使孩子明白，他们的行为决定了他们的回报。

我们还可以将奖励融入家庭的日常生活中。例如，我们可以在家庭成员吃完晚餐后再提供甜点；如果孩子们早上能迅速做好上学准备，并且有富余的时间，我们就可以让他们看一会儿电视；如果每个人都积极参与了一个项目或遵守了当周的所有规则，我们就可以一起出去看电影。奖励是日常生活的一部分，应该适用于家庭中的每位成员，包括父母。

遏制违反规则的行为　我们还要在家庭成员违反家庭规则时给予反馈和相应的后果，以强调我们对家庭的期望。这意味着，要么家庭成员失去他们习惯享有的奖励（比如，零花钱、特权），要么这种行为会导致可能阻止其在未来再次发生的后果。这些后果应该是预先确定的、合乎逻辑的、自然的（参看第5章），并在最大限度上得到了全体家庭成员的认可。设置明确、合理的后果，并确保家庭中的每个人都能理解这些后果，往往能够规避家庭成员之间的权力之争，消除因随意惩罚而产生的不良情绪。以下是一些后果的例子。

- 对于未经许可擅自离家或不按时回家的行为，家庭成员会在合理时间内被限制留在家中。

- 对于抱怨、争吵或以其他方式扰乱家庭生活的行为，家庭成员会在自己的卧室里隔离一段时间，直到愿意冷静地与他人讨论发生的事情或接受相应的后果。
- 对于家庭成员之间的争执，必须将家庭成员分开，直到他们冷静下来，必须解决他们之间的分歧，并制订计划以防类似的情况再次发生。

如第 5 章所述，自然且合乎逻辑的后果还意味着，如果孩子的行为导致了不良后果，我们不能替他们解围（比如，让他们自己支付手机话费；如果他们把玩具弄坏了，也不给他们买新的）。

为了改善行为，必须（针对积极行为和挑战性行为）始终一致地运用后果。因此，选择后果时必须慎重，应该尊重所有家庭成员的意见，而且要适合每一个人。在确定后果之前，我们应该确保后果符合家庭期望，持续时间或强度合理，且与行为相匹配。我们还应该考虑后果对没有做出不当行为的家庭成员的影响。例如，在上学日的晚上，一位名叫安德烈娅的少女回家晚了，因此失去了使用家庭汽车的特权。由于施加了这种限制，其他家庭成员（比如，她的父母）可能不得不取消自己的计划，以便接送家里的其他孩子。在这种情况下，后果给每个人都造成了不便。安德烈娅的父母不如让她继续接送她的弟弟妹妹，但不能和朋友一起开车，这样会更好一些。总之，后果必须符合家庭的需要和实际情况。表 10.2 列举了一些根据家庭规则设定的奖励和后果的例子。

■**活动**■　应对行为

针对每个家庭期望，请回答你将如何：(1) 奖励符合既定规则的行为（比如，给予表扬、特权）；(2) 针对违反规则的行为给予相应的后果（即自然的、合乎逻辑的后果）。

家庭期望

_____

_____

奖励

_____

_____

后果

_____

_____

表 10.2　奖励和后果的例子

家庭期望	奖励	后果
善待他人，尊重他人（比如，当他人说话时注意倾听，不借助肢体动作进行交流，语气平和，用词礼貌）。	主动提出让孩子安静地做一项有趣的活动（比如，游泳、看书），但只让那些对你的提议有回应的孩子参加。 表扬有礼貌的行为（比如，倾听他人说话、说"请"和"谢谢"）。 鼓励孩子恰当地表达自己的感受（比如，告诉他人自己生气了，而不是大喊大叫）。	对于大喊大叫、抱怨、威胁或侮辱他人的行为，先给予一次警告，然后要求孩子回到自己的卧室，直到他们能好好说话为止，并提醒他们以尊重他人的方式表达自己的感受。 当孩子们互相伤害时，立即将他们分开。让他们讨论如何解决问题，必要时取消他们的特权。
对自己、自己的行为和自己的物品负责（比如，清理自己弄乱的地方、完成被分配的家务）。	如果孩子在一周内完成了所有被分配的家务，就给他们一笔零花钱。 表扬主动分担额外家务的孩子，并针对特殊任务给予额外奖励。 每个周末选择一个家庭项目，并在项目完成后安排一次集体出游（比如，出去吃冰淇淋）。 孩子做完家务后，让他们和朋友一起玩。	如果孩子没有完成家务，就扣除或减少他们的零花钱。 如果孩子在家里没有帮忙做事，就不允许他们参加特别活动（比如，出去找朋友玩）。

解决困境和常规活动中的问题

即使是组织良好、积极向上的家庭，也会在某些情境或常规活动中遇到阶段性的行为挑战。PBS 的一个组成部分是利用本书第二部分描述的解决问题的过程，思考为什么某些情况对我们整个家庭来说特别棘手。当整个家庭出现问题时，我们可以运用 PBS 过程来梳理问题，并确定如何解决这些问题。我们可以采取以下步骤。

- 明确我们关注的具体行为和我们正在努力实现的更宽泛的目标。
- 收集信息，以便更好地了解挑战性行为发生的环境和结果。
- 制订并实施策略，从而预防棘手情况的出现、促进替代行为的发生，并更加有效地管理后果。
- 监控和评估我们所经历的变化。

下面将描述并举例说明如何利用这一解决问题的过程来处理特定的家庭情境或常规活动中的问题。

设定目标

如果我们在特定的情境或常规活动中遇到问题，那么就必须思考：在这些时候，我们希望出现哪些行为，或者说我们希望家庭如何运作，当前存在哪些行为，以及我们想要改变的具体情况和行为是什么。例如，威廉姆森一家有两个大人和四个孩子，他们有愉快的用餐时光，还有每周一次的家庭之夜——一起玩游戏、郊游、看电影或开展其他活动。然而，威廉姆森一家可能面临着家庭与学校或工作之间的活动转换问题，在这种转换中，每个人都会感到压力过大，表现得很糟糕（比如，经常争吵）。因此，威廉姆森一家的目标是改善这些过渡环节的情况，减少彼此争吵的时间，让过渡时间变得像家庭之夜一样令人愉快。

收集和分析信息

一旦确定了目标，我们就可以采用第 4 章所讲述的策略来收集和分析信息，以便更好地理解为什么在某些情境中会发生挑战性行为。在此期间，我们可以密切关注事态的发展（比如，观察行为模式、互相交流正在发生的事情及其原因、记录行为和相关情况），努力找出行为背后的原因。我们可以利用收集的信息，围绕这些情境问自己一些问题。

- 是什么创造了我们的家庭生活中最美好的时光，又是什么导致了家庭生活中最糟糕的时刻？
- 哪些结果或成果可能会延续这些模式？

我们可以通过仔细、客观地观察不同的环境或常规活动来发现其中的规律。回到威廉姆森一家的故事，用餐时间和家庭之夜可能是令人愉快的时光，因为家庭成员对这些活动持有一致的期望，所使用的奖励就是活动本身的一部分（比如，积极的家庭互动、美味的食物），而且气氛比较轻松。相比之下，活动的过渡时间可能就显得混乱、匆忙（比如，家庭成员忙着从一个地方转移到另一个地方，试图找到他们需要的东西，抢着使用卫生间和汽车）。威廉姆森夫妇可能会发现，在过渡环节，他们往往更关注孩子的挑战性行为（比如，催促孩子），而不是积极行为，或者他们应对挑战性行为的方法是无效的（比如，使用侮辱、讽刺或威胁等手段）。通过这种识别模式的过程，威廉姆森夫妇发现，争吵会导致推迟开展令人不愉快的活动，并且/或者能使孩子从他人那里获得更多的帮助。总而言之，当我们试图解决问题时，识别行为的模式是非常有用的。

制订计划

如果家庭了解了在特定时期影响孩子的行为的因素，那么就有可能做出改变，预防或尽量减少挑战性行为发生，用积极的行为取代不愉快的互动，并妥善管理相关的后果，鼓励这些新的行为。

预防挑战性行为发生　我们可以改变家庭的环境或常规，这样既能最大限度地减少冲突，又能在艰难的过渡环节中使情境转换得更加顺畅。例如，威廉姆森一家可以重新安排玄关处物品的摆放方式，从而方便家庭成员更平稳地过渡（比如，确定书包、钱包、手提包、鞋等物品的具体摆放位置）。他们可以在前一天晚上摆放好衣服、准备好午餐（或午餐费）、计划好膳食、调整洗澡时间，或者提前起床，以便所有的家庭成员在早上都能有更充裕的时间。其他的措施还包括在艰难时刻减少干扰（比如，不接电话、关掉电视），为过渡环节建立更稳定的常规，以及所有的家庭成员一起沟通各自的需求（了解更多例子，参看本章中的"构建我们的家庭"部分）。这些措施可以帮助威廉姆森一家更加轻松愉快地度过过渡时期。

替代行为　我们可能会意识到，我们的家庭已陷入令人不快或毫无成效的运作模式，尤其是在压力较大的时期。威廉姆森一家可能会把建立家庭规则作为解决过渡时期的行为问题的起点。这个家庭可能有必要更明确地界定他们在过渡时期对行为的期望（比如，把家务责任写下来并张贴在显眼处），并鼓励家庭成员掌握一些新技能，以便更好地发挥家庭的作用。威廉姆森夫妇可能还需要使用一些时间和压力管理技巧（比如，确定优先事项和安排日程；深呼吸以缓解焦虑），并更有效地相互沟通（比如，说"我感觉很匆忙"或"我需要更多时间"）。

管理后果　为了用积极的替代行为取代挑战性行为，新出现的积极行为必须得到奖励，不恰当的行为模式则不应再得到支持。我们可能需要考虑哪些行为（不良行为或良好行为）最容易获得关注或能带来其他有益的结果，以及挑战性行为（比如，争吵、拖延做家务）是否会导致家庭成员逃避令人不快的活动。如果挑战性行为在不经意间得到了奖励，那么就应调整这些反应模式。

由于威廉姆森一家在过渡环节中遇到的困难尤为突出，因此父母可能会决定在这些时段采用特殊的奖励措施，对在过渡环节中出现的任何积极行为都给予表扬。父母可以规定，只有在家庭成员完成家务或常规活动后，才能享受看电视或开展有趣活动等待遇。父母还可以通过协商，给更大的任务匹配更大的奖励（比如，如果孩子在一周内有四天能按时做好出门准备，那么父母会在周五放学回家的路上请他们吃冰淇淋）。威廉姆森夫妇可能还考虑用符合逻辑的后果或自然后果来应对挑战性行为（比如，忽略那些妨碍积极过渡的行为；如果孩子在早上磨磨蹭蹭，就只给他们提供冷的速食早餐，而不是花费很多时间准备的热腾腾的早餐）。

本书末尾的附录 B 针对问题百出的家庭常规活动（比如，用餐时间、与外人打招呼、在没有父母监护的情况下玩耍）提供了解决问题的实例。

■**活动**■ 解决情境和常规活动中的问题

具体情境：_____

在家庭陷入困境的时候，你的家庭目标是什么（如希望发生的变化、关注的行为）？

_____

_____

在这样的日常生活中，哪些模式可能会影响你的家庭成员的行为？
与你的最美好的时光和最糟糕的时刻有关的情况：

_____

_____

导致这些模式持续下去的因素：

_____

_____

鉴于你对问题常规相关模式的理解，你可以采取哪些策略：
预防问题出现？

_____

_____

替代行为？

_____

_____

管理后果？

_____

_____

与我们改善孩子的行为的计划一样，我们也需要监控这些策略对整个家庭的影响。为了确保实施的连续性和有效性，我们需要运用一种方法来判断我们是否实现了家庭的愿景和期望。对于许多家庭来说，这一步最好由所有的家庭成员共同完成（比如，每天吃早餐时回顾目标，然后在睡前回顾一天的表现；每周召开一次家庭会议，讨论出现的各种事件和行为）。在家庭中实施 PBS 应该是一个持续的过程，在这个过程中，家庭成员需要评估他们应对挑战性行为的方式以及在必要时应对困境的方式。

小结：如何将积极行为支持融入家庭生活？

PBS 是一个框架，也是一个过程，可以被用来改善家庭生活，也可以被用来改善存在行为问题的孩子的行为。我们可以通过设定家庭目标、关注影响家庭成员的行为的环境以及改变我们的应对方式来鼓励积极行为和抑制挑战性行为，从而将 PBS 的原则融入家庭之中。如果我们把 PBS 纳入我们的日常生活和持续的决策中，我们就能创造出更愉快、更令人满意的家庭生活。

继续阅读之前

- 你对自己的家庭有愿景和明确的期望吗？
- 你是否已将家庭空间和时间安排得井井有条，以支持你期待的家庭成员之间的互动？
- 你是否有办法持续鼓励积极行为（比如，遵循行为期望和阻止消极行为）？
- 你是否仔细检视过家庭中的问题常规，并做出改变以改善它们？

第 11 章　让积极行为支持惠及每一个人

无论是用于处理个别孩子的行为，还是用于改善整个家庭的生活，PBS 都能取得极大的成功。PBS 的过程灵活性很强，既可用于各种情境，又能适应不同个体和环境的需要，能帮助我们应对挑战性行为，并改善生活。要使 PBS 发挥作用，其实施过程必须具有一定程度的精确性和一致性，但这并非易事。坚定不移地把 PBS 的原则应用于孩子和家庭，意味着我们必须超越对孩子的行为的简单观察，转而反思我们自己的行为和我们与孩子互动的方式。本章讨论了使 PBS 发挥作用的三个关键问题：(1) 审视和改变我们自己的行为；(2) 教孩子如何管理自己的行为；(3) 帮助所有的家庭成员和其他相关人员（如教师、亲戚、保姆）共同努力改善行为。本章的最后简要总结了我们在本书中学到的有关运用 PBS 育儿的知识。

处理我们自己的行为

要改变孩子的行为，通常需要我们改变自己的行为，尤其是改变我们观察、思考和应对困境的方式。为人父母之所以如此艰难，原因之一在于我们必须愿意实事求是地评估自己的表现，思考自己的行为和与孩子互动的方式是否会在一定程度上导致孩子出现问题，导致孩子与他人发生冲突。我们需要考虑他人的意见和建议，接受可能会有利于孩子和家庭的新观念。我们还必须客观地看待充满压力和令人沮丧的情境，以便更好地理解发生的行为及背后的原因。然后，我们必须准备好管理和控制自己的行为，即使身处水深火热之中，也能保持沉着、耐心和始终如一。我们在评估自己的行为时，或许可以问自己以下问题。

- "我们是以身作则，示范了我们希望孩子做出的行为，还是说一套做一套，言行与我们声称的期望背道而驰？"
- "我们是坚守自己的期望并落实行为后果，还是动辄空口威胁、冲动行事？"
- "我们是在鼓励孩子自立自强，还是在包庇孩子免受自然后果的影响，导致他们产生不必要的依赖？"

根据对这些问题的回答，我们可能会发现自己在一些方面的表现非常出色，也很稳定，而在另一些方面的行为则需要改变。例如，凡妮莎是一位单亲母亲，有三个正在上小学的孩子，她发现，虽然大多数时候她对孩子们都是充满爱意、开诚布公和公平公正的，但偶尔也会冲他们发火或为他们抓狂——大喊大叫、威胁甚至拉扯他们。在某些情境中，凡妮莎会冲动行事，但从长远来看，这种做法并不特别有用或有效。

我们可以利用本书介绍的 PBS 原则来仔细审视自己的行为，弄清楚我们在什么时候对孩子的行为影响最大、什么时候影响最小，以及哪些环境因素有助于我们发挥影响力。通过分析我们自己的行为、周围的环境以及孩子对我们的反应，我们或许可以理解自己对孩子做出的反应背后的原因，并利用这种认识来制订计划，从而改变或调整自己的行为。

经过反思，凡妮莎发现，当她在工作或家庭中感到压力倍增时，她更容易对孩子发火和感到烦躁。当家庭的日程安排变得紧凑，或者她要做的事情太多时，凡妮莎发现自己会在孩子捣乱时大吼大叫、威胁他们，甚至拉扯他们。如果她做出这样的反应，孩子往往会立即停止做出不当的行为，让凡妮莎一个人待着，给予她片刻的安宁——这一切似乎使她迅速地解决了问题，但实际上却在强化她的消极行为模式。当凡妮莎审视这些行为模式时，也许会意识到，如果她坚持每天都花一些时间让自己放松一下，就不那么容易对孩子发火了。

有了这样的意识，我们就可以做出改变，防止出现或尽量减少那些为我们不希望发生的行为埋下导火索的环境因素。我们可以用更积极、更有目的性、更可行的策略来取代我们的下意识反应，然后在取得成功时奖励自己。例如，凡妮莎可能需要为自己留出一些特别的时间，让自己在繁忙的工作之后得到放松，她也需要花一些时间思考，反思自己与孩子的互动，并规划好第二天的生活。凡妮莎可以利用这段时间进一步分析是什么促使她对孩子的行为做出特定的反应，并思考今后如何规避消极的行为模式。如果某些特殊情况或孩子的某些行为容易激怒她或使她心烦意乱，那么她可以探究这些行为具体是什么，以及如何将它们的影响降到最低（比如，在孩子们相互调侃的行为升级为争吵之前提醒他们；持续奖励孩子们善待彼此的行为）。

凡妮莎可能还需要监督自己，这样她才能意识到在压力环境下，自己什么时候需要放松和恢复平静。她可以学习一些让自己在当下平静下来的方法，比如，在做出反应之前按下暂停键，给自己留出三秒钟的呼吸时间。她可以思考在此类情境中自己可以说些什么或做些什么，从而生成一个可以遵循的情境脚本。例如，她可以告诉孩子们："我现在压力很大，不想把气撒在你们身上。能让我自己待一会儿吗？"然后到远离孩子们的房间里待几分钟。

我们可以通过一些自我对话来调整自己的行为，比如，问自己："我现在为孩子们树立了怎样的榜样？"一旦我们制订了调整行为的计划，就需要定期评估这些策略的效果。当我们发现自己恰当地应对了困难局面时，我们需要肯定自己的行为，甚至可以奖励自己（比如，晚上不做饭，而是点外卖）。

当我们犯错或对孩子的行为处理不当时（这种情况偶尔会发生），我们需要努力补救（比如，向孩子道歉），仔细考虑我们的行为哪里出了问题，是什么导致了问题的发生，并确定下次遇到这种情况时如何应对。我们并不完美，养育孩子也不是一门精确的科学。重要的是，我们要从自己的错误中学习，把它们当作宝贵的经历，并做出调整，以更好地支持我们的行为和需求。我们还可以以身作则，向孩子展示如何运用解决问题的技巧，教孩子在做出令自己后悔的行为后如何补救。通过 PBS 过程，我们不断努力，有目的地、积极地回应孩子并与之互动，也为自己和为人父母而感到自豪。

帮助孩子管理自己的行为

我们希望孩子长大后能成为快乐、健康、有能力、负责任、有价值和独立的人。在孩子年幼的时候，我们给予他们需要的一切，为他们的行为划定严格的界限。当他们还是小宝宝时，他们只要一哭，我们就迅速做出反应，我们在家里做好儿童防护措施，仔细看护，并对照顾他们的其他人格外关注。随着孩子逐渐长大，我们无法再提供这样的监督和指导，我们也不想再这样做。我们的孩子开始在无人监督的情况下到朋友家做客，向其他成年人寻求指导，并自己做出日常决定。随着时间的推移，我们逐渐意识到，影响孩子的行为的许多因素都不在我们的掌控之中（比如，孩子与朋友相处的方式）。我们甚至可能觉察不到某些会对他们的行为造成影响的事件。即使我们和孩子有共同的经历，但与朋友产生的影响相比，我们对孩子的影响可能微乎其微。

重要的是，随着孩子越来越独立，他们要学会规范自己的行为，做出明智的决定。我们不能，也不应该试图控制影响孩子的每一种情况。相反，我们希望孩子已经将我们传递的价值观和教授的技能内化，并能据此行事。

我们应该问自己的是："我们怎样才能帮助孩子学会做出正确的决定并保持自律？"让孩子学会照顾自己和规范自己的行为，不可能一蹴而就，也绝非不费吹灰之力就能实现。相反，最好的办法是引导孩子，逐步赋能（即教授技能），然后随着孩子的能力不断增强、愈发自立，逐渐减少我们的参与和影响。

市面上有许多关于为孩子赋能的书籍和培训项目（参看书末的"参考文献"中的"育儿资源"部分）。PBS 为我们提供了一些指导，帮助我们实现以下两个主要目标。

1. 引导孩子树立个人价值观，以指导他们在不同情境中的行为。
2. 向孩子传授 PBS 原则，使他们能够理解并管理自己的行为。

树立价值观

作为父母，我们的首要目标是向孩子传递对我们的家庭而言至关重要的个人价值观，使孩子能够用它们来指导和评价自己的行为（比如，参看第10章中的"确立家庭愿景和行为期望"部分）。这些价值观因不同的家庭和个人而异，可能涉及正直、尊重、善良、感恩、敏锐、冒险、自律或创新等宽泛的概念。重要的是，我们要明确家庭的价值观，并有意识地教孩子如何根据这些价值观来评估环境和规范自己的行为。这样，这些价值观就会成为孩子的基本指南，他们在任何情况下都可以运用它们做出恰当的决定。我们的孩子将这些价值观作为基础，学会认识和发挥个人优势，并在没有满足期望时（即做错事时）调整自己的行为。他们还能学会批判性地看待自己的行为，评估其是否可被接受，就像我们多年来作为父母为他们所做的那样。

关于价值观的教育，首先要确保孩子理解这些价值观的内涵。例如，我们可以根据人与人之间的身体互动（比如，轻触他人、尊重个人空间、提供帮助）或社会互动（比如，给予赞美或安慰、尊重个体差异）来定义"善良"一词。我们可以指出并举例说明符合和违背这种价值观的行为，并通过提问的方式帮助孩子学会自己做决定（比如，"如果这种情况发生在你身上，你会怎样做？"）。一旦孩子理解了我们对他们的期望，我们就可以引导他们在日常交往中评估和调整自己的行为。

教授积极行为支持原则

除了传递基本的价值观以外，我们还可以帮助孩子将本书介绍的基本行为原理应用到自己的行为中。PBS并非独属于我们的密码，我们可以教孩子自己使用PBS的策略和理念。孩子可以认识到所有的行为都是有目的的，他们可以利用这一认知改变自己的行为。我们可以鼓励孩子问自己："当我做出那样的行为时，发生了什么？""在那种情况下，我是如何反应的？""我是否有更好的反应方式？""基于我的行为方式，我获得了什么或者回避了什么？"

有了这些知识，我们的孩子就可以制订自己的行为计划。他们可以通过改变引发其挑战性行为的环境、学习满足自身需求的新方法以及调节其行为的结果来预防问题发生。表11.1描述了孩子在观察自己的行为、试图理解行为发生的原因，以及为下一次的行动制订计划时可能会开展的自我对话。教会孩子监控和改变自身行为所需的技能至关重要，因为这可以使他们获得独立性，提高自我控制的能力，而不是一味地依赖他人（如父母）的指引和认可。把责任从我们身上转移到孩子身上并非易事，这需要我们循循善诱，而避免以高高在上的姿态下达指令。从本质上讲，这意味着我们要学会从某些情境中撤离，不参与其中，转而引导孩子自己应对——成为孩子的教练、啦啦队员和合作伙伴。我们不再告诉孩子该怎么做，而是通过提问或给出微妙的提示来启发孩子自己找到问题的答案。我们不再替孩子解决问题或立即施加后果，而是让孩子自己做选择，并为自己的行为负责。我们不再告诉孩子如何行动或思考，而是教孩子如何评估环境并相应地调整自己的行为。为了做到这一点，我们必须真正倾听他们的心声，关注他们的感受，并设身处地地为他们着想。

表 11.1　自我对话的例子

发生了什么事？	"我冲妈妈大喊大叫，因为她没有及时辅导我写作业。"
为什么会发生这件事？	"当我不得不等待他人帮忙时，我会生气，有时还会大喊大叫。结果我得不到他人的帮助，也无法完成任务。"
下一次我可以怎么做？	"当我时间宽裕时，我可以早点儿开始写作业，然后如果感到烦躁，我还有时间休息一下。如果遇到很难的作业，我可以提前告诉妈妈我需要帮助，而且要保持冷静，要礼貌地说话。如果下次写作业的时候，我没有大喊大叫，我就告诉妈妈，让她允许我在写完作业后玩喜欢的电子游戏，以此作为给自己的奖励。"

共同努力改善行为

实施PBS最重要的要求之一，往往也是最大的难点之一，就是让所有的家庭成员和其他所有参与照顾孩子的人都认同这项行为支持计划的目标和策略，并为之努力。个体可能会试图积极地改变孩子的行为，但可能并非唯一能够影响计划实施结果的人。我们或许需要与配偶、朋友、亲戚、孩子的同伴和老师、教育机构的工作人员，以及其他照顾孩子和与孩子互动的成年人进行协调。

　　一般而言，协调一致的养育和管教方法非常重要，而当孩子遇到行为挑战或家庭遇到困难时，这通常尤为关键。然而，要让这么多人齐心协力绝非易事，尤其是当我们不仅要应对养育孩子的挑战，还要顾及家庭的其他需求时。考虑到一些复杂的家庭状况（比如，离婚后父母共同抚养孩子和重组家庭）、孩子经常参加的各种课外活动以及普遍存在的家庭生活高压状态，这一点可能更是如此。

　　有些人可能会抗拒合作，原因有很多。首先，我们有着不同的观点、假设和育儿风格（比如，一些父母比较放任，而另一些父母比较严厉），面对特定的情境，我们都有自己独特的处理方式。我们可能会过度执着于自己的想法，或者一心想做自己觉得正确的事，而不愿考虑他人的意见。我们可能忙于完成自己的日常任务，以至于做出重要决定时没有事先征求他人的意见。我们的人际关系可能也存在一些问题，而解决这些问题的方式会在很大程度上影响孩子的行为（比如，父母中的一方不满另一方最近管教孩子的方式，于是擅自解除了对孩子的某些限制）。

　　我们必须承认，当人们在一起工作时，可能会遇到一些挑战，但如果我们能够与他人展开良好的合作，那么也会带来许多重要的益处。当我们得到他人的帮助和支持时，我们就有可能获得以下益处。

- 我们能够了解他人的观点，从而更好地理解我们的孩子以及影响其行为的因素。
- 我们能够更好地制订适合孩子和家庭生活的计划，并实现我们的目标。
- 我们会更加专注于实现自己的目标，也会更加持续有效地运用策略。
- 我们能够与参与这一过程的其他人一起学习和成长，他们也会在我们获得成功时与我们分享喜悦，在我们遇到困难时给予我们支持。

鉴于合作带来的挑战和潜在益处，我们怎样才能实现有效的合作呢？当我们不太认同老师的做法时，我们该如何支持他们？我们如何面对教养方式与我们相悖的祖父母？我们如何与伴侣建立育儿统一战线？合作需要所有人朝着共同的目标努力。每个参与其中的人都必须参与构建统一的愿景，确保方法上的一致性，并分担执行计划的责任。关于合作育儿，现在已有许多相关资料可供学习（参看书末的"参考文献"中的"育儿资源"部分），本章接下来将提供一些重要提示，帮助我们一起成功地运用PBS。

让合适的人参与进来

可能有很多人会对孩子的行为计划的成败产生影响。我们需要努力让那些熟悉我们的孩子、经常与我们的孩子打交道、对孩子的教育和照顾负有责任的人参与进来。面对需求更为复杂的孩子（比如，有残障或在学校或社区中遇到问题的孩子）、有极端挑战性行为的孩子或需要多重支持和服务的孩子，要想成功地实施PBS，就需要邀请更多的人参与并提供帮助。所有相关人员应从一开始就参与进来，并在PBS流程中的所有关键节点（比如，制订计划）上贡献智慧。

承认差异

在尝试与他人合作时，我们要了解并尊重不可避免的观点上的差异，这些差异往往受到文化、环境以及根深蒂固的思维和行为模式的影响。一些与我们的孩子或家庭生活有关的人可能认为他们对孩子的期望是传统的，而另一些人则可能认为那些期望过于严苛或放任。共同努力的目标应该是在原则问题上达成普遍共识，而非扼杀个体差异，因为这些差异最终可能会使我们的孩子受益。无须强求所有人以完全相同的方式实施策略，只要在基本原则、目标、计划和责任方面保持一致，就可以了。在其他方面存在差异，不一定是坏事。

持续沟通

为了携手合作，我们必须有效沟通，这意味着要留出足够的时间交谈（或写文字信息）。例如，我们可能会发现，晚上孩子睡觉后或早上起床前是最佳谈话时间。我们可能还希望安排家庭会议，邀请亲戚或密友参加，或者尝试通过电子邮件与孩子的老师沟通。当我们就 PBS 过程进行沟通时，重要的是，我们要保持坦诚和专注，开诚布公地分享我们的目标、观察结果、想法和需求。

共同解决问题

由于我们观点各异、时间安排紧凑以及处理挑战性行为的复杂性，我们在合作过程中可能难免发生冲突。我们需要找到一种方法，围绕 PBS 过程和孩子的行为做出决定（尤其是重大决定），并一起解决问题。事先设定有助于有效处理冲突的互动规则可能会有帮助。例如，我们可以约定只在私下（孩子看不到或听不到的地方）表达分歧，集中精力解决问题而非相互指责，持续沟通直到达成共识。有时，为了解决问题和保持沟通渠道的畅通，我们可能不得不协商妥协，甚至做出重大让步。

在互动中运用积极行为支持原则

我们可以运用本书介绍的 PBS 原则来改善我们之间的交流，并促进合作。例如，我们可以努力观察他人的行为和所处的环境，与他人坦诚沟通，更好地理解他人为什么会做出这样的行为，而不是贸然揣测他人的动机。通过留意我们自己在何时、何地、以何种方式提出令人不快的话题，我们或许能够避免将来与配偶以及其他成年人发生冲突。如果我们能够相互支持和鼓励，对对方付出的努力表示感谢，而不是批评对方的错误，那么我们更有可能有效地开展合作。

当我们一起运用 PBS，就共同目标达成一致，并遵循一些基本准则时，我们的解决方案会相当强大。一个已取得共识的解决方案总是比任何个人提出的解决方案更优越。

小结：如何让积极行为支持发挥作用？

尽管 PBS 在学校和社区项目中的应用最为广泛，但它并不只是为专业人士设计的。PBS 所依据的基本行为原理适用于每一个人。我们在引导和支持孩子方面扮演着重要的角色，我们也是最需要这种方法并能从中受益的人，而且我们有能力做好这项工作。通过 PBS，我们可以更好地理解孩子做出不当行为的原因，并通过预防、教导和后果管理来解决孩子的行为问题。

总而言之，PBS 提供了一些我们在日常生活中可以借鉴的基本经验。我们可以：

- **理解行为**：后退一步，对其他观点保持开放的态度，并在日常互动中寻找规律，这样，我们就能了解行为的目的和促使行为发生的环境（发生了什么、在哪里、什么时候、谁在现场和为什么发生）。
- **积极主动**：我们可以通过合理规划家庭、生活和居住环境的方式来预测和预防困难局面和挑战性行为的出现，而不是坐等意外降临。
- **教授技能**：我们可以简单地把孩子的挑战性行为看作他们应对所处环境和满足自身需求的不当方式。因此，我们需要帮助孩子运用新的、更好的方法来实现目标。
- **有目的地做出反应**：无论我们的行动是有意的，还是无意的，我们对孩子和他人的反应方式都会影响孩子的行为。因此，我们可以有意识地鼓励积极行为，而不是让问题行为持续存在。

PBS 为我们提供了这些理论基础，也提供了一个灵活的框架，通过这个框架，我们可以确定我们希望孩子做出哪些行为，以及如何鼓励他们改变行为。这个过程提供了一个通用标准，我们可以据此做出合理的决策，并从亲朋好友、医疗服务提供者、老师以及媒体提供的各种建议中做出选择。PBS 还为我们提供了一个解决问题的流程，可以帮助我们有效地应对自己与孩子之间的问题、家庭和生活中的问题——特别是随着时间的推移，伴随孩子的成长和发展出现的各种新问题。PBS 教会我们正确地提问，从而找到恰当的解决方案。

附录 A　案例研究中的行为支持计划

迪恩的行为支持计划 ···184
詹姆斯的行为支持计划 ·······································187
布里塔妮的行为支持计划 ·····································190
佐薇的行为支持计划 ···193
伊索贝尔的行为支持计划 ·····································196
迈克尔的行为支持计划 ·······································199

迪恩的行为支持计划	
谁会参与此项计划？ 阿德里安娜、达雷尔、迪恩的哥哥们以及其他照顾他的成年人（保姆、亲戚）。	
在何时、何地使用此项计划？ 当照顾迪恩的人（通常是阿德里安娜）需要将注意力集中在家庭和社区中的其他事上面或其他人身上时。	
目标	
孩子的哪些言行令人担忧： 哭闹：发出尖叫声"啊"或重复某些话（比如，不停地说"抱，抱"）。 黏人：抱住腿，扯衣服。	这些行为发生的频率和/或时长： 平均每天四次，而且持续时间很长（几乎占到阿德里安娜准备晚餐时间的一半）。
为孩子和家庭设定的宽泛目标： 迪恩能独自玩十分钟（比如，在阿德里安娜做晚餐时）。 阿德里安娜每天都能做一些她很怀念的事（比如，与朋友聊天、洗澡）。	
总结陈述		
当……的时候： 当阿德里安娜试图做一些与迪恩互动以外的事情时（比如，打电话、做晚餐）。	孩子会： 不停地哭闹，紧紧抱住阿德里安娜的腿，反复要求她抱自己。	从而获得或回避： 迪恩的哭闹引起了阿德里安娜的注意（她放下手头的事情，与迪恩交谈或安抚他）。
在环境混乱、附近有陌生人，或者迪恩饥饿、疲倦或生病时，这些行为尤其容易发生。		

迪恩的行为支持计划（接上页）

策略（基于总结陈述）		
预防挑战性行为发生： （为了避免出现问题、改变困难局面或促使恰当行为发生，我们将做出哪些改变？） 在开始一项需要保持全神贯注的活动之前，先给予迪恩一些安慰或帮助。 告诉迪恩在这段时间里应该做什么。 给迪恩安排一些特别的活动或给他一些玩具，使他能在这段时间里集中注意力。	替代行为： （为了替代挑战性行为，我们将教授哪些技能？） 鼓励迪恩在想要某个东西时用语言表达（比如，"妈妈，帮我"）或用手点指自己想要的东西。 教迪恩在短时间内自己玩耍（比如，教他如何玩玩具，然后让他自己练习玩玩具或看书）。	管理后果： （为了奖励积极行为，而非挑战性行为，我们将采取哪些措施？） 只在迪恩使用语言或手势时回应他对关注的需求。 当迪恩哭闹时，不理睬他（必要时，把他送到另一个房间），当他停止哭闹时再回应他。 当迪恩安静地独自玩耍时，及时表扬他，并给予他适当关注（比如，"看起来你玩得很开心！"）。

是否需要制订一项计划来确保我们的孩子、其他人和周围环境的安全？
_____ 是 _✓_ 否　　如果需要，请说明策略：

改善孩子的生活所需的其他支持：
确保迪恩按时午睡、吃饭和吃点心，并在需要时接受治疗。安排好一天中一对一陪伴迪恩的时间（比如，和他一起躺在地板上、一起玩玩具、依偎在一起，或者聊几分钟他正在做的事情）。

迪恩的行为支持计划（接上页）

行动计划		
需要做些什么？	由谁做：	什么时候做？
在阿德里安娜或其他照顾者做其他事情时，给迪恩准备一盒特别的玩具，让他玩。	阿德里安娜	一周内
和迪恩谈谈将会发生什么事，以及他应该采取什么行动（提醒他在需要帮助时用语言表达）。	阿德里安娜	每天（按需安排）
教迪恩自己玩（用玩具和书本演示）。	阿德里安娜	一周内
如何监控计划的进展情况？ 阿德里安娜会每天写日记，记录迪恩哭闹的时间、地点和对象，并在每天晚上迪恩睡着后，与达雷尔一起回顾这些记录。		

詹姆斯的行为支持计划

谁会参与此项计划？
劳拉、丽塔、朱莉、詹姆斯的同伴以及其他与詹姆斯打交道的成年人（詹姆斯的同伴的家人和詹姆斯的空手道教练肯特先生）。

在何时、何地使用此项计划？
下午、晚上和周末，当詹姆斯在家里、参加体育运动和在家附近活动时。

目标

孩子的哪些言行令人担忧：	这些行为发生的频率和/或时长：
大喊大叫：高声说话。	詹姆斯大喊大叫和欺负他人的行为平均每天发生五到六次；攻击行为每天大约发生两次。
欺负他人：叫他人的绰号、威胁他人、抢同伴的东西，或把同伴的东西放到他们够不着的地方。	
伤人毁物：打人踢人、毁损物品、扔掷物品、掐人脖子。	

为孩子和家庭设定的宽泛目标：
詹姆斯能在无人监督的情况下与朱莉和其他同伴一起玩耍。

詹姆斯与朱莉和其他同伴的关系得到改善（比如，其他孩子愿意到詹姆斯家做客）。

詹姆斯能继续参加空手道训练和其他运动。

总结陈述

当……的时候：	孩子会：	从而获得或回避：
在低结构化的情境中，当詹姆斯与比他年幼的同伴相处超过十分钟时。	大喊大叫，拒绝与他人分享玩具，拒绝与他人一起开展活动，叫他人的绰号，嘲笑他人；如果詹姆斯的同伴试图保护自己，他就会对他们拳打脚踢，掐住他们的脖子，或向他们扔东西。	让他人做出比较激烈的反应（比如，哭泣、逃跑），他似乎乐在其中。

詹姆斯的行为支持计划（接上页）

策略（基于总结陈述）		
预防挑战性行为发生： （为了避免出现问题、改变困难局面或促使恰当行为发生，我们将做出哪些改变？） 更密切地监控詹姆斯与其他孩子的互动，在他伤害其他孩子之前进行干预。 设定一起玩耍的规则，并与所有孩子和可能负责照看他们的成年人一起回顾这些规则。 大约十分钟后中断游戏，让孩子们转换活动，在问题出现之前加以防范。 鼓励年幼的孩子远离詹姆斯，而不是还手。	替代行为： （为了替代挑战性行为，我们将教授哪些技能？） 教詹姆斯运用恰当的方法从其他孩子那里获得强烈的情绪反应（比如，讲笑话）。 教詹姆斯使用恰当的方式与其他孩子玩耍、分享自己的物品，并使用语言解决问题（比如，"你能试着这样做吗？"）。 教詹姆斯在生气时运用放松技巧（比如，集中精力深呼吸），并远离问题情境。 指导詹姆斯在与朱莉相处时运用这些技巧（比如，在他们一起出去玩耍之前，让詹姆斯解释他会如何处理分歧）。	管理后果： （为了奖励积极行为，而非挑战性行为，我们将采取哪些措施？） 鼓励朱莉和其他同伴在詹姆斯开始欺负他们或对他们大喊大叫时远离詹姆斯或去找大人。 如果詹姆斯（和朱莉）在一起玩得很好，就奖励他们做一项他们特别喜欢的活动。 当詹姆斯伤害同伴时，继续使用"罚时出局"的方法，但不要冲他大吼。 留意詹姆斯与其他孩子玩耍的情况，在他妥善处理问题时给予奖励（比如，表扬、额外的玩耍时间）。

是否需要制订一项计划来确保我们的孩子、其他人和周围环境的安全？
_____是 ✓ 否　　如果需要，请说明策略：
当詹姆斯开始伤人毁物（比如，掐人、踢人、打人和砸东西；朝朱莉或其他孩子扔东西）时，要迅速干预。这可能意味着用言语引导他，或者把他带到自己的房间里，直到他冷静下来。

改善孩子的生活所需的其他支持：
尝试寻找一些詹姆斯、朱莉和其他同伴都感兴趣的活动；与他们一起做这些活动，尝试改善他们之间的关系（比如，在车道上画一个长方形球场，在街道尽头设置一个轮滑曲棍球门，开展比赛）。

詹姆斯的行为支持计划(接上页)

行动计划		
需要做些什么？	由谁做：	什么时候做？
设定一起玩耍的规则。	劳拉、丽塔、肯特先生、詹姆斯和朱莉	本周末
回顾一起玩耍的规则。	劳拉、丽塔和肯特先生	每次玩耍之前
与其他孩子谈谈如何远离詹姆斯，而不是反击。	劳拉、丽塔、肯特先生和詹姆斯的同伴的父母	在孩子们下次玩耍之前
十分钟后中断游戏，更换活动内容。	劳拉、丽塔、肯特先生和詹姆斯的同伴的父母	玩耍时

如何监控计划的进展情况？
负责观察活动的成年人会对詹姆斯每天玩耍的情况进行评分（3分：很好；2分：一般；1分：很差），并在每周末与詹姆斯一起回顾这些评分。

布里塔妮的行为支持计划	
谁会参与此项计划？ 纳坦、玛格丽特以及其他与布里塔妮打交道的成年人（康体中心的主管和工作人员、布里塔妮的普通教育老师和特殊教育老师）。	
在何时、何地使用此项计划？ 在家中、康体中心和学校开展活动期间。	
目标	
孩子的哪些言行令人担忧： **拒绝参与**：不参加活动，尤其是谈话、互动、体育活动和家务劳动。 **喋喋不休**：她的大部分谈话内容都集中在外太空这个话题上。	这些行为发生的频率和/或时长： 通常情况下，布里塔妮会在学校参加五项非学术类活动中的一项，在康体中心参加五项活动中的两项，在家里参加大约一半的必要活动。 她平均每天与两个人交流，话题几乎都与外太空有关。
为孩子和家庭设定的宽泛目标： 每天晚上，布里塔妮能和纳坦、玛格丽特一起吃晚餐，并在家里做一些基本的家务。 布里塔妮能参加康体中心的活动（在五天中去四天），并参与其他社区活动。 布里塔妮每天都能与他人谈论外太空以外的话题。	

总结陈述		
当……的时候： 当布里塔妮被要求参加体育活动、做家务或与他人谈论外太空以外的话题时。	孩子会： 不理会他人的要求，谈论外太空，（如果受到压力）大声哭喊或大声哼哼。	从而获得或回避： 布里塔妮的行为经常成功地帮助她逃避参与某些活动（比如，家务、不熟悉的活动）或社会互动（比如，谈论她不喜欢的话题）。
当布里塔妮不得不停止做自己喜欢的活动、所处的环境要求较高或期望不明确时，她会更加抗拒参加活动。		

布里塔妮的行为支持计划（接上页）

策略（基于总结陈述）		
预防挑战性行为发生： （为了避免出现问题、改变困难局面或促使恰当行为发生，我们将做出哪些改变？） 与布里塔妮一起制作家务和活动时间表，并为她设置手机程序，方便她查看自己每天需要做的事情。 在要求布里塔妮停止阅读或与他人谈论外太空之前，给她一个明确的提示或谈话引导（比如，"我们现在要聊别的话题了"）。 在参加其他活动时，让布里塔妮把书和手机放在自己看不到的地方。 在布里塔妮参加社交活动之前，清楚地向她描述社交场合和对她的行为期望；演练不同的参与方式。 当布里塔妮看起来不自在时，请她的同伴向她解释当前的情况。	替代行为： （为了替代挑战性行为，我们将教授哪些技能？） 鼓励布里塔妮把日程安排写下来，并严格遵守，用手机记录活动内容和谈话主题，并对自己在不同情境中的表现进行评价。 教布里塔妮在感到不适、需要休息或要求澄清期望时，用恰当的语言提出请求和表达疑虑（比如，"我需要一点儿时间""这对我来说很难"）。 教布里塔妮一些与朋友交谈的技巧（比如，如何开始和结束谈话）。	管理后果： （为了奖励积极行为，而非挑战性行为，我们将采取哪些措施？） 允许布里塔妮在完成规定的家务和活动后，或在她以恰当的方式请求离开时，拥有私人时间来阅读或玩电脑。 在布里塔妮参与了有关其他话题的讨论后，允许她谈论自己感兴趣的话题。 当布里塔妮做出不当行为时，避免停止与她互动或撤回对她的要求。 让布里塔妮用手机记录她与同伴和成年人互动的情况（比如，她与谁进行了交谈、他们说了什么）。 当布里塔妮在规定时间内参加所有的活动并与他人相处融洽时，给予她一些特殊的奖励或优待（比如，去图书馆、获得购买新书的积分）。

是否需要制订一项计划来确保我们的孩子、其他人和周围环境的安全？
　　　　是　　✓ 否　　如果需要，请说明策略：

改善孩子的生活所需的其他支持：
查看布里塔妮的日程安排，确保她在家里、学校和康体中心都有充足的时间做她喜欢的活动（如阅读、玩电脑）。与她一起把她的兴趣扩展到其他主题（最初可能与外太空有关）上。寻找一个科学俱乐部，让她可以与对类似主题感兴趣的同伴互动。

布里塔妮的行为支持计划（接上页）

行动计划		
需要做些什么？	由谁做：	什么时候做？
制作家务和活动时间表，并允许布里塔妮从各种选项中选择家务和活动。	布里塔妮、纳坦和玛格丽特（在其他成年人的协助下）	每周日
为布里塔妮的手机设置记录日程安排的功能，并教她如何使用日程表。	布里塔妮和纳坦	下周六
列出一些合适的谈话主题，并与布里塔妮练习谈论这些话题。	布里塔妮、纳坦、玛格丽特和布里塔妮的特殊教育老师	两周内
允许布里塔妮赚取购买新书的积分，并制作一张图表，以便她能监控自己的积分收益。	布里塔妮和纳坦	实现一周的所有目标后
回顾预防问题出现的策略和恰当应对行为的策略。	每个人	每两周一次
向布里塔妮解释社交场合和交谈技巧（包括感到不自在时如何结束谈话）。	纳坦、玛格丽特和布里塔妮的老师们	两周内，定期提醒

如何监控计划的进展情况？
布里塔妮会采用自我监督的方法。她会在手机上记录以下内容：她与他人进行了哪些互动、与谁进行了互动、谈论了哪些话题。每周日，布里塔妮和纳坦都会回顾过去一周的情况，并记录下一周的活动安排。

佐薇的行为支持计划
谁会参与此项计划？ 海伦娜、亚历克斯和佐薇的保姆（如有必要）。
在何时、何地使用此项计划？ 临睡前，在家中。

目标

孩子的哪些言行令人担忧： 游荡：半夜离开卧室。 捣乱：哭闹，喊海伦娜或亚历克斯，到了睡觉时间不肯上床睡觉。	这些行为发生的频率和/或时长： 几乎每晚至少持续一小时。

为孩子和家庭设定的宽泛目标：

佐薇能独立入睡，整晚都待在自己的卧室里。

睡前时间会成为全家人都感到快乐、平静的时光。

全家人都能得到充分的休息，感到轻松自在，彼此相处融洽。

总结陈述

当……的时候： 当海伦娜或亚历克斯把佐薇带到她自己的卧室，让她自己睡觉时。	孩子会： 哭闹、哼哼唧唧、下床，变得破坏性十足，麻烦不断。	从而获得或回避： 佐薇努力让海伦娜或亚历克斯陪她待在卧室里，避免自己一个人睡觉。

在佐薇被哄上床后，如果家里的其他人还没睡，而且她能听到海伦娜和亚历克斯与科拉玩耍时发出的声音，这种行为尤其容易发生。

佐薇的行为支持计划（接上页）

策略（基于总结陈述）		
预防挑战性行为发生： （为了避免出现问题、改变困难局面或促使恰当行为发生，我们将做出哪些改变？） 晚上，在睡前多陪陪佐薇。 调整洗澡时间，不要把洗澡安排在睡觉前。 当佐薇准备睡觉时，让家里安静下来。 睡前，允许佐薇听轻柔的音乐或使用带有睡眠定时功能的放松类应用程序。 让佐薇挑选一张照片放在床边，陪伴她睡觉。 推迟佐薇的睡觉时间，方便亚历克斯回家帮忙照看科拉，同时海伦娜供佐薇睡觉，或者让亚历克斯陪伴佐薇，海伦娜照看科拉。 让佐薇挑选一个毛线玩具（睡觉时的伙伴），陪伴她入睡。 和佐薇一起建立清晰的夜间生活常规。	替代行为： （为了替代挑战性行为，我们将教授哪些技能？） 鼓励佐薇在海伦娜和亚历克斯离开房间后留在床上，保持安静，直到睡着。 教佐薇一些平复心情、自我安抚的技巧。如果佐薇在夜里醒来，可以通过听音乐或使用放松类应用程序、看书、看床边的照片、轻声唱歌、玩智力游戏、运用从应用程序中学到的放松技巧等方式安慰自己。	管理后果： （为了奖励积极行为，而非挑战性行为，我们将采取哪些措施？） 十分钟后去看看佐薇，抱抱她（间隔时间会逐渐延长，直到佐薇不再需要他们来看她为止）。 第二天，在科拉午睡时，让佐薇选择一项特别活动，与海伦娜一起做，前提是她整晚都待在卧室里。 如果佐薇在前一天晚上表现良好，就允许她在冰箱门上的图表上贴一张星星贴纸。 如果佐薇整整一周都表现良好，就让她选择与海伦娜和亚历克斯进行一次特别的外出活动。 对佐薇的行为做出回应：当佐薇第一次离开卧室时，提醒她怎样做才能获得奖励，并把她带回床上，尽量减少与她的互动和对她的关注。 当佐薇第二次离开卧室时，把她带回床上，并关上卧室门（提醒她，如果她能安静地躺在床上，他们会在晚些时候把门打开）。 如果佐薇哭闹或大喊大叫，就不理睬她。 如果佐薇做了危险的事情，立即制止她，把破损的物品从她的卧室里拿走，并迅速离开，让她独自待在卧室里。

佐薇的行为支持计划（接上页）

是否需要制订一项计划来确保我们的孩子、其他人和周围环境的安全？
＿＿＿是　　✓　否　　如果需要，请说明策略：
如果佐薇的行为变得很危险（扔东西、在床上跳上跳下），那么要保持冷静，制止她（拿走她正在扔的东西），并迅速离开房间，尽量减少与她的互动和对她的关注。

改善孩子的生活所需的其他支持：
为佐薇在当地的青年会报名参加"妈妈和我"的课程，作为只有她（而不是科拉）才能参加的活动。

行动计划

需要做些什么？	由谁做：	什么时候做？
查看iPad上的放松类应用程序和播放舒缓音乐的频道。在佐薇的房间里放一个时钟，方便她查看爸爸妈妈来看她的时间。告诉佐薇新的睡前常规。	亚历克斯	第二天吃午餐的时候
按照新的睡前常规来演练，并使用iPad应用程序中的放松技巧。	海伦娜和亚历克斯	第二天
制作一张图表，让佐薇可以记录自己的行为，并把它贴在冰箱门上。	海伦娜、亚历克斯和佐薇	科拉午睡的时候
为佐薇挑选一张图片，放在她的床边。	海伦娜和佐薇	第二天
审查计划，并制作一张时间表，以便检查进展情况。	佐薇和海伦娜 海伦娜和亚历克斯	两天后 两天后

如何监控计划的进展情况？
海伦娜和亚历克斯每天早上会花几分钟时间讨论前一天晚上发生的事，查看行为记录图表，并回顾每个人执行计划的情况。如果佐薇的行为在一周后有所改善，他们就会改为每周而非每天讨论一次进展情况。

伊索贝尔的行为支持计划	
谁会参与此项计划？ 西蒙娜、路易斯、亚伦和玛丽亚。	
在何时、何地使用此项计划？ 主要在家中，全天进行，但也会根据需要在学校和社区中进行监控。	
目标	
孩子的哪些言行令人担忧： 违抗：无视指令和违反规则。 不尊重：对父母出言不逊、与父母争吵、讽刺挖苦父母。	这些行为发生的频率和/或时长： 这两种行为每天至少出现三次，周末出现的频率更高。
为孩子和家庭设定的宽泛目标： 伊索贝尔能遵守家庭规则，接受西蒙娜和路易斯设定的限制，为家庭做贡献，并与家人积极互动。 大多数时候，家庭氛围都是宁静和谐的。 伊索贝尔能参加积极有益的学校活动和社区活动。 伊索贝尔会获得更多的自由和独立性。	
总结陈述		
当……的时候： 当西蒙娜或路易斯要求伊索贝尔做一件她不喜欢的事情时，或者询问她关于她所做的事情时。	孩子会： 对他们不理不睬和/或跟他们粗鲁地说话（或尖叫）。	从而获得或回避： 避免参与她不喜欢的活动和互动，并控制她周围的环境。
西蒙娜和路易斯认识到，伊索贝尔的行为模式可能因他们的期望不一致和缺乏监督而变得更糟了。		

伊索贝尔的行为支持计划（接上页）

策略（基于总结陈述）		
预防挑战性行为发生： （为了避免出现问题、改变困难局面或促使恰当行为发生，我们将做出哪些改变？） 检视伊索贝尔目前承担的责任，并列出清晰的任务清单，明确她在家庭和社区中需要承担的责任。 明确伊索贝尔的哪些活动属于特权，哪些活动属于权利。 召开家庭会议，确立家庭愿景和期望以及每位家庭成员都必须遵守的行为准则。将家庭愿景和期望写下来，张贴在大家都能看到的地方。 设置一块可擦写白板，方便家庭成员之间交流各自的活动和行踪（去哪里、做什么、和谁在一起以及什么时候回家）。	替代行为： （为了替代挑战性行为，我们将教授哪些技能？） 将满足期望与更多的自由和机会联系起来，帮助伊索贝尔意识到在获得独立性的同时需要承担责任。 教伊索贝尔在表达不满时保持心平气和（比如，选择合适的时机沟通，用平静的语气告诉父母她想谈谈自己的意见）。 以身作则，向伊索贝尔示范他们希望采取的互动方式（比如，轻言细语）。	管理后果： （为了奖励积极行为，而非挑战性行为，我们将采取哪些措施？） 只要伊索贝尔满足了父母的期望，就允许她每周从清单中选择一项特别活动来做。 允许伊索贝尔在做到以下几点后获得特权：自己打扫卫生、对家人说话有礼貌、遵守关于回家时间的规定、每周至少有三天与家人共进晚餐、完成分内的家务，以及在白板上记录自己的行踪。

是否需要制订一项计划来确保我们的孩子、其他人和周围环境的安全？
　　____ 是　✓ 否　　如果需要，请说明策略：

改善孩子的生活所需的其他支持：
探索伊索贝尔参加社区剧院演出试镜、获得兼职工作或参与其他有益的课外活动的可能性，使她拥有更多的自主权和更强烈的责任感。

伊索贝尔的行为支持计划（接上页）

行动计划		
需要做些什么？	由谁做：	什么时候做？
制订一份书面契约，明确对伊索贝尔的期望、特权以及不当行为的后果。	西蒙娜、路易斯和伊索贝尔	本周末
每周六留出时间，送伊索贝尔参加特别活动。	西蒙娜	立刻
召开家庭会议。	全家人	每周末
与伊索贝尔讨论，为她的独立创造更多机会。	西蒙娜、路易斯和伊索贝尔	伊索贝尔的行为获得改善的几周之后

如何监控计划的进展情况？

西蒙娜和路易斯会讨论该项计划的实施情况，并定期与伊索贝尔的老师和同伴交流，了解伊索贝尔在与他人互动、满足期望、交代自己的行踪以及恰当表达意见方面的表现。每周，他们都会询问伊索贝尔的情况，并在她满足期望的前提下给予她更多获得自由和独立性的机会。他们还会检视自己的期望与对方的期望是否一致，并反思自己实施该项计划的情况。在家庭会议上，他们会讨论家庭的整体氛围，并肯定所有的积极变化。

迈克尔的行为支持计划	
谁会参与此项计划？ 德博拉、一起拼车的父母和他们的孩子以及迈克尔的老师们：米勒老师和夏普老师。	
在何时、何地使用此项计划？ 在家里、在学校里、在拼车时，尤其是在早上准备上学时。	
目标	
孩子的哪些言行令人担忧： 磨蹭：赖在床上不起来，导致上学迟到。 忽视：对做好上学准备的具体要求置之不理。 哭闹：抱怨并乞求妈妈在早上给予他特殊待遇。	这些行为发生的频率和/或时长： 每周有两三次因迟到而错过拼车；每天都会哭闹，对他人的要求不理不睬。
为孩子和家庭设定的宽泛目标： 迈克尔能培养自己的独立性和个人责任感，并为早上上学做好准备。 迈克尔和德博拉能坚持按时上学、上班和参加其他活动，他们的关系更加和睦，冲突减少，尤其是在早上。 德博拉能花更多的时间关注自己的需求，包括晚上出门与朋友聚会。	

总结陈述		
当……的时候： 当德博拉要求迈克尔做好上学准备时。	孩子会： 不理不睬，赖在床上哭闹。	从而获得或回避： 为了得到德博拉更多的关注，也为了推迟上学的时间。
迈克尔早上的行为似乎与他在学校里面临的社交障碍和学习困难有关。		

迈克尔的行为支持计划（接上页）

策略（基于总结陈述）		
预防挑战性行为发生： （为了避免出现问题、改变困难局面或促使恰当行为发生，我们将做出哪些改变？） 在迈克尔准备上学的时段以外，给予他更多的特别关注。 为了节约时间，让迈克尔在晚上洗澡，而不是在早上。 确立明确的晨间常规和期望。 提醒迈克尔，如果他做出更积极的行为可以得到哪些奖励。	替代行为： （为了替代挑战性行为，我们将教授哪些技能？） 教迈克尔在没有过多指导的情况下按时起床并做好上学准备。 鼓励迈克尔以恰当的方式提出与德博拉在一起的要求，并合理规划时间（比如，"我知道我们现在很匆忙，但今天晚些时候能一起看一部电影吗？"）。 培养迈克尔主动完成任务、认真履行职责和与其他孩子互动的能力。	管理后果： （为了奖励积极行为，而非挑战性行为，我们将采取哪些措施？） 在迈克尔独立做好上学准备时表扬他；当他逃避自己的责任时，减少对他的关注。 如果迈克尔能按时做好上学准备，就给他做一顿热腾腾的早餐，并和他一起做十分钟的活动。 如果迈克尔能连续一周按时做好上学准备，就让他挑选一项活动，周末和妈妈一起做，而且德博拉会在下一周开车送他到学校，作为额外的奖励。 请拼车小组里的孩子们和父母们在迈克尔准时赶到时热情地跟他打招呼。 如果迈克尔在规定的时段内到校并完成所有作业，就请夏普老师给迈克尔发一张家庭作业豁免券，他可以凭此券免做一项家庭作业。

是否需要制订一项计划来确保我们的孩子、其他人和周围环境的安全？
　　　　是　　✓ 否　　如果需要，请说明策略：

改善孩子的生活所需的其他支持：
迈克尔和德博拉每月至少一起参加两次社交活动，努力在生活中结交更多的朋友。改善迈克尔的生活的其他方法包括：确定他能否在普通的语文读写课堂上得到支持，而非依赖特殊教育课程；制订目标和计划，鼓励他与同龄人建立友谊（比如，与拼车的孩子们一起玩耍）；帮助他更快地完成学校作业。

迈克尔的行为支持计划（接上页）

行动计划		
需要做些什么?	由谁做:	什么时候做?
与迈克尔讨论该项计划，尤其要讨论他们可以一起做的活动。	德博拉和迈克尔	周六之前
为迈克尔准备一份文字材料，列出新的期望以及满足这些期望后他将得到的益处。	德博拉	周日之前
与米勒老师和夏普老师讨论迈克尔的学习需求以及他结交朋友的方式。	德博拉、米勒老师和夏普老师	周一之前
与一起拼车的其他父母讨论新的计划，给每位父母一小盒乐高积木，让迈克尔在拼车时玩。	德博拉和一起拼车的其他父母	周日之前
与迈克尔的主日学校老师沟通在米勒老师和夏普老师的帮助下制订的策略。	德博拉	周日参加完教堂活动之后
提醒迈克尔注意早上的行为期望。	德博拉	在迈克尔临睡前和醒来时各一次

如何监控计划的进展情况?
上班前，德博拉会在她的日程表上记录当天早上的情况，并标注迈克尔与朋友玩耍的日期。她每周都会与迈克尔的学校联系，了解他的学习进展，偶尔也会向一起拼车的其他父母询问他们对迈克尔的观察情况。每周，迈克尔和德博拉还会一起讨论在家里和学校里发生的事情。

附录 B 解决家庭常规问题的实例

用餐 ………………………………………………………… 203
打招呼 ……………………………………………………… 204
独自玩耍 …………………………………………………… 205

解决情境和常规中的问题：用餐
在这个艰难时期，我们家庭的目标是什么（比如，希望发生的变化、关注的行为）？ 　　一家人和和美美地一起用餐，每个人都坐在餐桌旁，吃自己的饭菜，愉快地谈天说地。
在这个过程中，哪些模式可能会影响我们这个家庭的行为？ 与我们最美好的时光和最糟糕的时刻有关的状况： 　　最佳状况：孩子们虽然都饿了，但每个人都理解行为期望是什么，而且每个人喜欢这顿饭。 　　最糟状况：孩子们吃饱了、累了、生病了或者不喜欢这顿饭；大人们专注于自己的谈话。 促使这种模式持续存在的因素： 　　大人们允许每个人只吃自己喜欢的食物（比如，零食、甜点），而不管每个人是否都吃完了饭菜。 　　孩子们在餐桌旁做出的不当行为引起了大人们的关注。
鉴于我们对问题常规相关模式的理解，我们可以采取哪些策略： 预防挑战性行为发生？ 　　鼓励孩子们在就餐前去洗手间或处理好其他可能会影响用餐的事情。 　　当孩子们坐下时，提醒他们注意用餐时的行为期望。 　　准备孩子们愿意吃的饭菜；如果有新菜或不常见的菜式，则提供不同的食物选择。 　　给孩子们合理分量的食物（比如，使用小盘子）。 　　限制孩子们在两餐之间的零食摄入（比如，早餐前、上午 10:30 以后或下午 4:30 以后不吃零食）。限制在其他时间吃甜食。 替代行为？ 　　提醒孩子们在整个用餐过程中坐在座位上。 　　鼓励孩子们在用餐时避免抱怨饭菜如何，或者随意提出更换饭菜的要求。 　　参与家庭成员间的日常交流。 管理后果？ 　　如果孩子们在厨房被收拾干净之前一直待在餐桌旁，并把盘子里的所有食物全部吃完，那么他们就可以吃甜点。 　　经常表扬孩子们的积极行为，并对他们的吃相和坐姿给予反馈。 　　当孩子们的举止得体时，将谈话的重点放在他们身上。 　　如果孩子们玩食物、不正确使用餐具或捣乱（比如，争吵），那么就警告他们一次，没有改善，就请他们离开餐桌。 　　如果他们离开了餐桌，就不能吃甜点，而且必须在其他人离开餐桌后继续把饭吃完。

解决情境和常规中的问题：打招呼
在这个艰难时期，我们家庭的目标是什么（比如，希望发生的变化、关注的行为）？ 　　家庭中的每个人都能热情地与他人打招呼，在交谈中做出恰当的回应，并使用得体的礼貌用语（比如，说"请"和"谢谢"）。
在这个过程中，哪些模式可能会影响我们这个家庭的行为？ 与我们最美好的时光和最糟糕的时刻有关的状况： 　　最佳状况：孩子们理解期望和常规；熟悉与他们互动的人。 　　最糟状况：陌生人跟孩子们打称呼；大人们没有示范恰当的问候行为。 促使这种模式持续存在的因素： 　　孩子们避免了与他人互动和回答问题。
鉴于我们对问题常规相关模式的理解，我们可以采取哪些策略： 预防挑战性行为发生？ 　　每次与朋友和家人打招呼时（比如，邻居来家里聊天时、孩子们早上起床时、在公共场所时、亲戚来访时），都要示范积极的问候方式。 　　通过讨论谁将出现在社交场合以及期望的行为是什么，为参与社交做好准备（必要时进行角色扮演）。 　　当孩子需要跟他人打招呼时，尽量减少外界干扰（比如，确保电视、收音机或电子游戏机已关闭）。 　　告知孩子们只有在大人在现场时，才可以跟陌生人打招呼。 替代行为？ 　　回应他人的问候时说"你好"，并在必要时握手。 　　索要东西时说"请"，收到东西时说"谢谢"。 　　清楚地回答问题。如果无法回答，就说"我不知道"。 　　与他人交谈时有眼神交流。 管理后果？ 　　当孩子们与他人打招呼、回应他人以及礼貌待人时，悄悄地表扬他们。 　　如果孩子们似乎不愿回答或迟迟不回答他人的问题，不要替他们回答，以免他们回避与他人的互动。即使回应有所延迟，也要求孩子们自己回答问题，并且要使用礼貌用语。

解决情境和常规中的问题：独自玩耍
在这个艰难时期，我们家庭的目标是什么（比如，希望发生的变化、关注的行为）？ 　　在没有发生挑战性行为（比如，争吵、违反家规）的情况下，孩子可以在合理的时间内（比如，45分钟）独自玩耍或与他人一起玩耍。
在这个过程中，哪些模式可能会影响我们这个家庭的行为？ 与我们最美好的时光和最糟糕的时刻有关的状况： 　　最佳状况：孩子们与特别要好的朋友在一起，做他们喜欢的活动，而且他们的游戏有明确的规则。 　　最糟状况：孩子们与做出挑战性行为的朋友一起玩耍，而且游戏混乱无序。 促使这种模式持续存在的因素： 　　孩子们获得了大人的关注并且/或者获得了他们争抢的物品、参与了他们争论的活动。
鉴于我们对问题常规相关模式的理解，我们可以采取哪些策略： 预防挑战性行为发生？ 　　让孩子们知道大人什么时候不在家以及不在家多久。 　　推荐一些孩子们在大人不在家时可以做的活动。 　　提醒孩子们有关打架的规定和化解冲突的步骤。 　　如果游戏时间接近甜点时间，那么就把甜点摆出来，或者让孩子们知道他们可以吃什么甜点。 　　说明与玩耍有关的所有限制（比如，禁止看电视、一直待在屋内、不准进入厨房）。 　　告诉孩子们在什么情况下应该寻求大人的帮助（比如，如果一个孩子要求另一个孩子停止做某个动作，而那个孩子坚持继续做；如果孩子们不能用语言化解冲突；如果有孩子受伤了）。 　　定期查看孩子们的情况（比如，每隔15至20分钟查看一次，如果孩子是与新朋友或不熟悉的朋友一起玩耍，那么查看的频率要更高）。 　　将总的游戏时间限制在合理的范围内（比如，2小时）。 替代行为？ 　　独自玩玩具、玩游戏，与他人一起玩耍。 　　冷静、公正、不带攻击性地化解冲突。 　　遵守父母或其他大人设定的规则和限制。 　　必要时寻求大人的帮助（比如，当不确定开展某个游戏是否合适时；当需要新的游戏点子时；当需要帮助化解冲突时；当有人受伤时；当对游戏感到不舒服时）。

管理后果？

　　在查看孩子们玩耍的情况时，表扬和鼓励他们的创造性和独立性。如果孩子们愿意，可以和他们一起玩一会儿。

　　在独立游戏时间结束后，全神贯注地陪伴孩子们。

　　在游戏时间结束后与孩子们交谈，让他们讨论玩耍的情况，并解决他们所关心的问题。

　　如果孩子们打架或违反规则，就把他们分开。

资　　源

网站

Home and Community Positive Behavior Support Network, Families Page

https://hcpbs.org/families-3

Association for Positive Behavior Support, Families Page

https://www.apbs.org/pbs/gettingstarted/getting-started-with-pbis-families

Individualized Positive Behavior Support: Interactive Tutorial

https://www.apbs.org/pbs/interactive-tutorials

National Center for Pyramid Model Innovations

http://challengingbehavior.cbcs.usf.edu

Center on the Social and Emotional Foundations for Early Learning

http://csefel.vanderbilt.edu

Centervention Social Skill Resources for Parents

https://www.centervention.com/social-skills-resources-for-parents

Center for Parent Information and Resources

https://www.parentcenterhub.org

视频

Positive Behavior Support Special Issue, Parenting Special Needs Magazine

https://magazine.parentingspecialneeds.org/publication/?i=461820

Practiced Routines PBS Parent Training Videos

https://www.youtube.com/playlist?list=PLLi08Aejqezrdyq4rTcBUmI63EzBKPNkx

Positive Solutions Parent Training Modules (CSEFEL)

http://csefel.vanderbilt.edu/resources/training_parent.html

Greater Good Magazine Parenting Videos

https://greatergood.berkeley.edu/video/series/parenting_videos

书籍

Carr, E.G., Levin, L., McConnachie, G., Carlson, J.I., Kemp, D.C., & Smith, C.E.(1994). *Communication-based intervention for problem behavior: A user's guide for producing positive change.* Paul H. Brookes Publishing Co.

Dishion, T.J., & Stormshak, E.A.(2007). *Intervening in children's lives: An ecological, family-centered approach to mental health care.* American Psychological Association.

Dunlap, G., Strain, P.S., Lee, J.K., Joseph, J., Vatland, C., & Fox, L.K.(2017). *Prevent-Teach-Reinforce for families: A model of individualized positive behavior support for home and community.* Paul H. Brookes Publishing Co.

Durand, V.M.(2011). *Optimistic parenting: Hope and help for you and your challenging child.* Paul H. Brookes Publishing Co.

Hieneman, M., Fefer, S., Isley, S., & Seiders, M.(2022). *Helping your family thrive: A practical guide to parenting with positive behavior support.* Paul H. Brookes Publishing Co.

Lucyshyn, J.M., Dunlap, G., & Albin, R.W.(2002). *Families and positive behavior support: Addressing problem behavior in family contexts.* Paul H. Brookes Publishing Co.

O'Neill, R.E., Albin, R.W., Storey, K., Horner, R.H., & Sprague, J.R.(2015). *Functional and program development for problem behavior: A practical handbook.* Cengage Learning.

参 考 文 献

积极行为支持

Bailey, K.M., & Blair, K.S.C.(2015). Feasibility and potential efficacy of the family-centered Prevent-Teach-Reinforce model with families of children with developmental disorders. *Research in Developmental Disabilities*, 47, 218–233. https://doi.org/10.1016/j.ridd.2015.09.019.

Binnendyk, L., & Lucyshyn, J.M.(2009). A family-centered positive behavior support approach to the amelioration of food refusal behavior: An empirical case study. *Journal of Positive Behavior Support*, 11, 47–62. https://doi.org/10.1177/1098300708318965.

Boettcher, M., Koegel, R.L., McNerney, E.K., & Koegel, L.K.(2003). A family-centered prevention approach to PBS in a time of crisis. *Journal of Positive Behavior Interventions*, 5, 55–60.

Bradshaw, C.P., Mitchell, M.M., & Leaf, P.J.(2010). Examining the effects of schoolwide positive behavioral interventions and supports on student outcomes: Results from a randomized controlled effectiveness trial in elementary schools. *Journal of Positive Behavior Interventions*, 12, 133–148.

Bradshaw, C.P., Waasdorp, T.E., & Leaf, P.J.(2012). Effects of school-wide positive behavioral interventions and supports on child behavior problems. *Pediatrics*, 130, 1136–1145.

Bushbacher, P., Fox, L., & Clarke, S.(2004). Recapturing desired family routines: A parent-professional behavioral collaboration. *Research and Practice for Persons with Severe Disabilities*, 29, 25–39.

Chu, S.Y.(2015). An investigation of the effectiveness of family-centered positive behaviour support of young children with disabilities. *International Journal of Early Years Education*, 23(2), 172-191. https://doi.org/10.1080/09669760.2014.992868.

Drifke, M.A., Tiger, J.H., & Wierzba, B.C.(2017). Using behavioral skills training to teach parents to implement three-step prompting: A component analysis and generalization assessment. *Learning and Motivation*, 57, 1-14. https://doi.org/10.1016/j.lmot.2016.12.001.

Duda, M.A., Clarke, S., Fox, L., & Dunlap, G.(2008). Implementation of positive behavior support with a sibling set in a home environment. *Journal of Early Intervention*, 30(3), 213-236. https://doi.org/10.1177/1053815108319124.

Dunlap, G., Newton, J.S., Fox, L., Benito, N., & Vaughn, B.(2001). Family involvement in functional assessment and positive behavior support. *Focus on Autism and Other Developmental Disabilities*, 16(4), 215-221. https://doi.org/10.1177/108835760101600403.

Durand, V.M., Hieneman, M., Clarke, S., Wang, M., & Rinaldi, M.L.(2012). Positive family intervention for severe challenging behavior I: A multisite randomized clinical trial. *Journal of Positive Behavior Interventions*, 15(3), 133-143. https://doi.org/10.1177/1098300712458324.

Fettig, A., & Barton, E.E.(2014). Parent implementation of function-based intervention to reduce children's challenging behavior: A literature review. *Topics in Early Childhood Special Education*, 34(1), 49-61. https://doi.org/10.1177/0271121413513037.

Fettig, A., & Ostrosky, M.M.(2011). Collaborating with parents in reducing children's challenging behaviors: Linking functional assessment to intervention. *Child Development Research*, 2011, 1-11. https://doi.org/10.1155/2011/835941.

Gore, N. J., McGill, P., & Hastings, R.P.(2019). Making it meaningful: Caregiver goal selection in positive behavioral support. *Journal of Child and Family Studies*,

28(6), 1703-1712. https://doi.org/10.1007/s10826-019-01398-5.

Horner, R.H., Sugai, G., Smolkowski, K., Eber, L., Nakasato, J., Todd, A.W., & Esperanza, J.(2009). A randomized, wait-list controlled effectiveness trial assessing school-wide positive behavior support in elementary schools. *Journal of Positive Behavior Interventions*, 11, 133-144.

Joseph, J.D., Strain, P.S., & Dunlap, G.(2019). An experimental analysis of Prevent-Teach-Reinforce for Families (PTR-F). *Topics in Early Childhood Special Education*, 41(2), 115-128.

Lorimer, P.A., Simpson, R.L., Smith-Myles, B., & Ganz, J.B.(2002). The use of Social Stories as a preventative behavioral intervention in a home setting with a child with autism. *Journal of Positive Behavior Interventions*, 4, 53-60. https://doi.org/10.1177/109830070200400109.

Lucyshyn, J.M., Albin, R.W., Horner, R.H., Mann, J.C., Mann, J.A., & Wadsworth, G.(2007). Family implementation of positive behavior support for a child with autism: Longitudinal, single-case, experimental, and descriptive replication and extension. *Journal of Positive Behavior Interventions*, 9(3), 131-150. https://doi.org/10.1177/10983007070090030201.

Lucyshyn, J.M., Miller, L.D., Cheremshynski, C., Lohrmann, S., & Zumbo, B.D.(2018). Transforming coercive processes in family routines: Family functioning outcomes for families of children with developmental disabilities. *Journal of Child and Family Studies*, 27(9), 2844-2861. https://doi.org/10.1007/s10826-018-1113-5.

McCartney, E.J., Anderson, C.M., English, C.L., & Horner, R.H.(2005). Effect of brief clinic-based training on the ability of caregivers to implement escape extinction. *Journal of Positive Behavior Interventions*, 7, 18-32. https://doi.org/10.1177/10983007050070010301.

McLaughlin, T.W., Denney, M.K., Snyder, P.A., & Welsh, J.L.(2012). Behavior support interventions implemented by families of young children: Examination of contextual fit. *Journal of Positive Behavior Interventions*, 14(2), 87–97. https://doi.org/10.1177/1098300711411305.

OSEP Technical Assistance Center on Positive Behavioral Interventions and Supports.(2020). Positive behavioral interventions & supports[Web site]. Available from www.pbis.or.

Sears, K.M., Blair, K.S.C., Iovannone, R., & Crosland, K.(2013). Using the Prevent–Teach–Reinforce model with families of young children with ASD. *Journal of Autism and Developmental Disorders*, 43(5), 1005–1016. https://doi.org/10.1007/s10803-012-1646-1.

Symon, J.B.(2005). Expanding interventions for children with autism: Parents as trainers. *Journal of Positive Behavior Interventions*, 7, 159–173. https://doi.org/10.1177/10983007050070030501.

Turner, K.M.T., & Sanders, M.R.(2006). Dissemination of evidence-based parenting and family support strategies: Learning from the triple p-positive parenting program system approach. *Aggression and Violent Behavior*, 11, 176–193. https://doi.org/10.1016/j.avb.2005.07.005.

育儿资源

Brazelton, T.B., & Sparrow, J.(2015). *Discipline: The Brazelton way.* Da Capo Press.

Brooks, H.(2020). *Practical positive parenting: How to raise emotionally-intelligent children ages 2-7 by empowering confidence.* Practical Positive Parenting.

Delahooke, M.(2019). *Beyond behaviors: Using brain science to understand and solve children's behavioral challenges.* PESI.

Faber, A., & Mazlish, E.(2012). *How to talk so kids will listen and listen so kids will talk.* Scribner.

Greene, R.W.(2021). *The explosive child: A new approach for understanding and parenting frustrated, chronically inflexible children*(4th ed.). Harper.

Gordon, T.(2008). *Parent effectiveness training: The proven program for raising responsible children*. Three Rivers Press.

Nelsen, J.(2006). *Positive discipline: The classic guide to helping children develop self-discipline, responsibility, cooperation, and problem-solving skills*. Random House.

Phifer, L., Sibbald, L., & Roden, J.(2018). *Parenting toolbox: 125 activities therapists use to reduce meltdowns, increase positive behaviors, and manage emotions*. PESI Parenting.

Siegel, D.J., & Bryson, T.P.(2014). *No-drama discipline: The whole brain way to calm the chaos and nurture your child's developing mind*. Bantam.

Siegel, D.J., & Hartzell, M.(2013). *Parenting from the inside out: How a deeper understanding can help you raise children who thrive*. Penguin.

Tsabary, S.(2010). *The conscious parent: Transforming ourselves, empowering our children*. Namaste Publishing.